EL LIBRO DE ORO DE LOS SUEÑOS
Cómo interpretar sus sueños

EL LIBRO DE ORO DE LOS SUEÑOS

Cómo interpretar sus sueños

F. CAUDET

EDIMAT LIBROS

Ediciones y Distribuciones Mateos

Calle Primavera, 35
Polígono Industrial El Malvar
28500 Arganda del Rey
MADRID - ESPAÑA

Copyright © EDIMAT LIBROS, S. A.

Reservados todos los derechos. El contenido de esta obra está protegido por la Ley, que establece penas de prisión y/o multas, además de las correspondientes indemnizaciones por daños y perjuicios, para quienes reprodujeren, plagiaren, distribuyeren o comunicaren públicamente, en todo o en parte, una obra literaria, artística o científica, o su transformación, interpretación o ejecución artística fijada en cualquier tipo de soporte o comunicada a través de cualquier medio, sin la preceptiva autorización por escrito del propietario del copyright.

ISBN: 84-95002-89-2
Depósito legal: M-7264-1998

Autor: Francisco Caudet y El Mago Félix
Diseño de cubierta: Juan Manuel Domínguez
Impreso en Gráficas COFAS, S.A.

EDMBELOS
El libro de oro de los sueños

IMPRESO EN ESPAÑA- PRINTED IN SPAIN

I
LA ONIROMANCIA

Desde la más remota antigüedad el hombre intentó adivinar su futuro o porvenir a través de los sueños y pesadillas que dejaban honda impresión en su mente. El camino por el que se llegó a relacionar lo que soñaba con los acontecimientos futuros, es un completo misterio, ya que se trata de una experiencia de miles y miles de años de los que no quedan escritos.

También se ignora quiénes fueron los primeros seres humanos en iniciar tales intentos de interpretación, pero existen referencias históricas que nos demuestran que la oniromancia (del griego *oneiros* [sueño], y *manteia* [adivinación], o sea la adivinación de los sueños), era una práctica cotidiana entre las civilizaciones de Mesopotamia, Egipto, Grecia, Roma, Etruria e Israel, principalmente.

Hay que destacar, sin embargo, que tales clases de sueños también jugaron un papel importante en países como China, Indostán, Africa y América, aunque nuestra civilización (o cultura occidental) se nutra preferentemente de la greco-latina.

El arte de la oniromancia alcanzó tal importancia que fue dividida en dos ramas: la *oniroscopia* (del griego *oneiros,* sueño, y *skopein,* examinar, observar), que reunía los sueños, los datos oníricos; y la *onirocrítica* u *onirocrisia* (del griego *oneiros,* sueño y *krisis,* juicio), que los interpretaba o sacaba consecuencias.

Muchos autores emplean las voces oniromancia y oniroscopia como sinónimo, pero es preferible mantener la división que hemos significado.

Entre los griegos, la persona que se ocupaba de la interpretación de los sueños recibía el nombre de *onirópolo,* aunque se le designó con el nombre de *onirocrita.* La onirocrisia dividía los sueños en *especulativos* o *determinativos* (que podríamos llamar *literales* o *proféticos,* pues correspondían las imágenes a lo que realmente iba a suceder) y en *alegóricos* (los que presentaban imágenes simbólicas que sólo sabía interpretar el onirópolo).

La oniroscopia se practicaba de dos maneras, es decir, reunía los datos oníricos utilizando dos procedimientos: el sueño *natural* o el sueño *incubación.* Como indica su nombre, el primero consistía en recoger los símbolos generados durante el sueño normal, mientras que el segundo consistía en hacer dormir a la persona en un lugar especial, en un sitio sagrado o mágico, reconocido por su propiedad de estimular o provocar sueños sobre el futuro o porvenir.

SUEÑOS DE INCUBACION

La persona que tenía interés en averiguar cómo

iba a desenvolverse tal o cual negocio, tal o cual problema familiar, cómo iba a evolucionar un enfermo, etc., seguía unos rituales determinados y se quedaba a dormir en el templo de un dios, del que esperaba una respuesta por medio del sueño.

De acuerdo con el mes o signo solar y con la posición de los planetas en el cielo (aspectos), los astrólogos, magos, médicos, sacerdotes y onirópolos egipcios establecían las fechas más adecuadas para los sueños de incubación. Se sabe que hacia el siglo IV antes de nuestra Era existía en Egipto un culto al dios Serapis, análogo al de Esculapio en Grecia, o sea, que los fieles se encerraban en el templo para dormir, esperando que la deidad les inspirase durante el sueño la manera de actuar en los asuntos relacionados con su suerte, salud y destino.

La incubación para obtener revelaciones con que curar enfermedades era, quizá, la práctica más extendida, lo que no debe sorprender merced al estado de atraso en que entonces se encontraba la medicina. En una capilla del templo de Deir-el Bahari, de la época de Ptolomeo VII, se han encontrado numerosas muestras de esa incubación referida a sueños con miras terapéuticas.

El *serapeum* de Menfis gozaba de gran prestigio por sus revelaciones oníricas de tipo médico y profesional. Como en todos los templos, había intérpretes oficiales, con carteles que venían a decir: «Interpreto sueños y para ello tengo mandato del dios». Y Estrabón, el célebre geógrafo griego nacido en el año 50 antes de nuestra Era, refiere que en el *serapeum* de Canoe (cerca de Abukir), acudían personas por cuenta de otras, imposibilitadas, para que viesen en sueños los remedios que ellas necesitaban (a estas personas las llamamos hoy *sensitivos* o *médiums*).

Basado en tales experiencias, los egipcios establecieron un calendario que señalaba los días más adecuados para tener los sueños. Esa guía, era conocida como «la llave de oro de los egipcios».

Este procedimiento de incubación también gozó de gran popularidad en Grecia, en los templos de Esculapio, donde los sacerdotes-médicos incluso llegaban a fundamentar el diagnóstico y terapéutica a seguir por medio de los sueños así obtenidos. De ahí que Esculapio fuera conocido con el nombre (sobrenombre, mejor dicho) de *oniropompo* (el que envía los sueños).

Era muy célebre, al respecto, el templo que el dios médico Esculapio (Asclepio) tenía en Epidauro. Los enfermos eran tendidos bajo un amplio pórtico de dos pisos que servía de dormitorio, el cual recibía el nombre de *enkoimetérion* (lugar de incubación) o *ábaton* (lugar sagrado y secreto).

Tendidos sobre pieles de animales, los enfermos recibían los mensajes oníricos de Asclepio para curarse o no curarse. Lo cierto es que incluso llegaron a producirse curaciones milagrosas y sobrenaturales.

Un procedimiento parecido de incubación se empleaba en Oropo y en el santuario de Anfiareo.

«Esta costumbre de provocar imágenes adivinatorias existe todavía —nos dice Georges Contenau en su obra *La adivinación en Asiria y Babilonia*— en algunos puntos del Mediterráneo oriental, especialmente en Grecia, así como en el Irak, donde los musulmanes pasan las noches en las mezquitas, en espera de obtener buenos sueños. No es extraño ver a los cristianos del Irak buscar el sueño en las iglesias o conventos, con la misma intención.»

SUEÑOS BIBLICOS

Esa idea de que los sueños ponían al hombre en contacto con el mundo de los dioses y de los espíritus también caló hondo en el pueblo de Israel, pese a que su religión prohibía las artes adivinatorias. Pero en este caso se tenían por revelaciones de Yahvé, de Dios, a su pueblo, circunstancia ésta que sólo permitía la interpretación a los «sabios», profetas, y en último caso, a los adivinos o magos. Los sueños que se relatan en la Biblia revelan a menudo el futuro o son manifestaciones de cosas ocultas. Otras veces son avisos de Dios, como el de Abimelec (Génesis, 20, 2-7) y el de Jacob (Génesis, 28, 11-19).

En el sueño de Abimelec, rey de Guerar, que había tomado a Sara, la mujer de Abraham, que éste, por miedo, hacía pasar por su hermana, Dios se apareció y le dijo: «Mira que vas a morir, por la mujer que has tomado, pues tiene marido...». A las protestas de Abimelec, Dios le responde: «Ahora, pues, devuelve la mujer al marido, pues él, que es profeta, rogará por ti y vivirás; pero si no se la devuelves, sabe que ciertamente tú morirás con todos los tuyos».

Por lo que respecta a Jacob tuvo varios sueños reveladores, pero el más importante es el conocido como *visión de la escala,* que le vino una noche que se acostó al raso apoyando la cabeza en una piedra. Dicen los sagrados textos que «tuvo un sueño en el que veía una escala que, apoyándose sobre la tierra, tocaba el cielo con el otro extremo, y que por ella subían y bajaban los ángeles de Dios. Junto a él estaba Yahvé, que le dijo: «Yo soy Yahvé, el Dios de Abraham, tu padre, y el Dios de Isaac; la tierra sobre la cual estás acostado te la daré a ti y a tu descendencia».

Al levantarse por la mañana, Jacob, tomó la piedra que le había servido de almohada y vertió óleo sobre ella, pues comprendió que tenía un poder especial. Es de suponer, aunque no, conste en la Biblia, que la guardaría toda la vida como un preciado talismán.

Como sueños indicadores de futuro podemos citar los célebres del faraón que fueron interpretados por José (Génesis, 41), quien había nacido con un don especial para la oniromancia. Vendido por sus hermanos y entrado al servicio del faraón de Egipto, éste tuvo un sueño en el que se encontraba a orillas de un río, «y veía subir de él siete vacas hermosas y muy gordas, que se pusieron a pacer la verdura de la orilla; pero he aquí que después subieron del río otras siete vacas feas y muy flacas, y se colocaron junto a las siete que estaban a la orilla del río, y las siete vacas feas y flacas se comieron a las siete hermosas y gordas».

El Faraón se despertó nervioso y al cabo de un rato volvió a dormirse, soñando que «veía siete espigas que salían de una sola caña de trigo muy granadas y hermosas, pero detrás de ellas brotaron siete espigas flacas y quemadas por el viento solano, y las siete espigas flacas y quemadas devoraron a las siete espigas hermosas y granadas».

José interpretó dicho sueño en el sentido de que

primero habrían siete años de abundancia en toda la tierra de Egipto, seguidos de otros siete de escasez, por lo que debía hacerse la previsión necesaria para que la nación no pasara hambre cuando llegara el período de estrechez. Como así se hizo.

En el libro de los Jueces (7, 13-14) se narra un sueño cuya interpretación dio la victoria a Gedeón sobre los madianitas.

Daniel fue, quizás, el mayor intérprete de sueños de los tiempos bíblicos. Sabía comprender el significado de toda visión o sueño, y dicen los textos sagrados que entró al servicio de Nabucodonosor, rey de Babilonia, porque era diez veces superior a todos los magos y astrólogos que el referido soberano tenía a sus órdenes.

La Biblia nos narra en el libro de Daniel cómo Nabucodonosor tuvo unos sueños tan terribles que se turbó su espíritu impidiéndole descansar, y como Daniel los interpretó.

GRANDES PENSADORES E INTERPRETES

Para el poeta griego Homero (unos 700 años antes de nuestra Era), las visiones oníricas podían «salir por dos puertas; una de marfil y otra de cuerno». Por la primera sólo pasaban los sueños sin valor adivinatorio, y por la segunda, salían los sueños que hablaban del futuro, los premonitores o proféticos.

El célebre ocultista, matemático y filósofo griego Pitágoras (569-470 a. de n. Era), decía que «despreciar los sueños es despreciar a los dioses que nos los envían».

El también filósofo griego Platón (429-347) a. de nuestra Era), explica (por boca de Sócrates), en su *República,* lo siguiente acerca de los sueños: «Como durante el sueño la parte del alma en que residen la inteligencia y la razón, está lánguida y entorpecida, y la parte animal y feroz está todavía excitada por los manjares y bebidas que animan el cuerpo, aquella se entrega a su delirio. Entonces las imágenes más monstruosas vienen a asediarla: creemos tener un vergonzoso trato de la misma que nos dio la vida; esta especie de embriaguez nada extingue: dioses, hombres y bestias son iguales a sus ojos; ninguna crueldad, ningún atentado la horrorizan; ninguna infamia ni temeridad la hacen retroceder...»

Estas palabras de Platón tienen un profundo significado psicológico y fisiológico, lo que cualquier médico puede interpretar como *sueños provocados por condiciones físicas.* En este plano, Platón, puede considerarse como el precursor de la moderna psicología interpretativa de los sueños.

Pero el mismo Platón refiere un sueño profético vinculado a Sócrates, su maestro. Cuenta que hallándose encarcelado Sócrates, éste dijo a su amigo Critón que al cabo de tres días moriría, porque había visto en sueños a una mujer de extremada belleza llamándole por su nombre, diciéndole este verso de Homero: *dentro de tres días veréis los campos.* La predicción se confirmó, pues Sócrates fue obligado a tomarse la cicuta por los jueces que le habían condenado por sus ideas.

Heródoto (486-406 a. de n. Era), conocido como «el padre de la Historia», en sus *Nueve libros de la Historia,* nos explica diecisiete sueños de personajes célebres de su tiempo, como el que se refiere a Jerjes y a Artabeces, a quienes se les apareció en sueños una figura fantasmagórica que les indujo a la guerra con Grecia.

Aristóteles (384-322 a. de n. Era), discípulo de Platón y fundador de la escuela peripatética, escribió un curioso tratado *Sobre la adivinación por medio de los sueños,* que sería tenido en cuenta en los siglos posteriores.

Hipócrates (460 a. de n. Era), el padre de la Medicina, no sólo daba importancia a lo que indicaban los sueños, sino que uno de sus aforismos dice: «La enfermedad en que el sueño deja al doliente más quebrantado, es mortal; si el sueño le alivia, no lo es».

Sófocles (495-405 a. de n. Era), el gran poeta trágico griego, vio en sueños a Heracles (Hércules), que le indicaba el lugar donde habían ocultado los ladrones una copa de oro sustraída del templo. Primero no hizo caso de la visión, pero al repetirse dos veces más, dio cuenta al Areópago del sueño. Se detuvo a la persona indicada y confesó el robo, aunque dándole tormento.

Por lo que respecta a los romanos, quizá sean los sueños que hacen referencia a la muerte de Julio César los más famosos. La noche que precedió al día de su asesinato, César soñó que se remontaba sobre las nubes y ponía su mano en la del dios Júpiter. A su vez, Calpurnia, su esposa, tuvo una terrible pesadilla, en la que veía desplomarse el techo de la casa mientras mataban a su esposo en sus brazos.

Es de sobras conocido el hecho de que Julio César se burló de tales pronósticos acudiendo al Senado en los idus de marzo, donde fue apuñalado por un grupo de conjurados que le infirieron heridas con arma blanca.

Los sueños premonitorios, como vemos, no son patrimonio de ninguna religión o civilización, sino que constituyen un hecho común a todas las razas y credos. Así, tenemos que no hay etnia que carezca de ellos. Entre la de los cartagineses, enemigos de Roma, podemos destacar los de Aníbal y Amílcar Barca.

Amílcar, hijo de Giscón, durante el cerco a Siracusa soñó una noche que al día siguiente cenaría en la ciudad que estaba asediando. La premonición, en efecto, se cumplió, ya que en una salida de los sitiados fue hecho prisionero y llevado a la ciudad. Pero la cena fue seguida de su muerte por degollamiento (309 a. de n. Era).

Aníbal, el célebre caudillo cartaginés, que alimentaba un odio visceral contra el Imperio Romano, tuvo varios sueños que le predijeron sus triunfos en Italia, aunque luego no supiera servirse de sus victorias. Valeio Máximo, el historiador romano del siglo I de nuestra Era, en su obra *Hechos y dichos memorables,* nos refiere varios de estos sueños.

Otros meritorios intérpretes y estudiosos de los sueños fueron Artemidoro de Daldis o de Efeso (siglo II), que dejó una valiosa *Oneirocrítica;* San Nicéforo, patriarca de Constantinopla (siglo VIII); Arnau de Vilanova (siglo XIII), que escribió en latín un curioso librito «De la Interpretación de los Sueños»; Paracelso (1494-1541), médico y ocultista suizo; François Lamothe le Vayer (1588-1672), Salomón Almulo (siglo XVII), Nostradamus (1503-1566), sin olvidar a Acmeto (siglo IX) y a Lisímaco (siglo III).

LOS SUEÑOS EN NUESTRO TIEMPO

Con el advenimiento de la psiquiatría y psicología modernas, se dio un paso de gigante para comprender el mecanismo de los sueños y avanzar en su interpretación, si bien aún existen lagunas muy oscuras y quién sabe qué razonamiento se dará a los mismos dentro de cien o doscientos años tan sólo.

Estos balbuceos que hemos esbozado en los anteriores apartados fueron ampliados en nuestro tiempo por los estudiosos de la naturaleza psíquica surante el sueño desde un punto de vista psicológico, neurológico y fisiológico, principalmente.

No obstante corresponde al austríaco Sigmund Freud el mérito de haber abierto la puerta que conduce a la comprensión científica de los sueños, sobre todo en su vertiente de conflicto sexual en el inconsciente del individuo. Freud demostró que las imágenes de muchos sueños (contenido *manifiesto*) tienen un sentido profundo (contenido *latente*), comprensible casi siempre si es analizado exhaustivamente por medio de asociaciones de ideas. Los sentimientos más complejos y los conceptos se traducen en imágenes visuales, en forma generalmente *condensada* y *simbólica*.

Para Freud, los sueños vienen a ser guardianes que protegen al hombre de las excitaciones demasiado vivas y de las tensiones insoportables de la vida cotidiana. En cierto aspecto, pues, los sueños tienen una vertiente de «huida» o de «relax», para la persona.

Wilhelm Stekel, uno de los discípulos de Freud,

también ha contribuido notablemente a la investigación moderna de los sueños.

Pero no todos los investigadores están de acuerdo en que los sueños sean expresiones simbólicas de conflictos en la mente inconsciente. Por ejemplo, el psicólogo austríaco Alfred Adler, discípulo disidente de Freud, opinaba que la imagen onírica era un medio por el que el organismo conformaba una conducta futura ante determinado acontecimiento, es decir, que venía a ser una especie de «ensayo general» de una respuesta a una situación planteada al sujeto en su vida cotidiana.

El gigante de la investigación onírica y simbólica es para nosotros Karl Gustav Jung (1875-1961), psiquiatra y psicólogo suizo, fundador de la Escuela de Zurich, basada en la psicología analítica. Jung fue quien clasificó a los tipos humanos en *introvertidos* y *extrovertidos*. Colaborador de Freud, fue mucho más lejos que éste. Desarrolló la teoría del *inconsciente colectivo* como fundamento de la imaginación, mitos, doctrinas esotéricas, religiones... Creía en la existencia de un fondo común universal, productor de «arquetipos», imágenes y símbolos, independientes del tiempo y del espacio.

Esto quiere decir que a pesar de que muchos símbolos en los sueños pueden tener significados diferentes para distintas personas, hay otros que tienen un significado general y que son comunes a todos los pueblos, y son los que forman parte del *inconsciente colectivo*.

«Por tanto —nos dice Theo J. Dulin—, de acuerdo con el psicoanálisis, podemos considerar los sueños como un fenómeno psicológico que se presenta durante el descanso y que hace posible al individuo dar rienda suelta a una serie de emociones, sea de manera directa, sea encubierta bajo simbolismos. Al anticipar hechos desagradables, el sueño puede evitar la aparición de estados angustiosos o tensos y, al rememorar hechos molestos, puede reducir o eliminar la persistencia de los efectos nocivos provocados por los referidos hechos.

»Durante el sueño se realizan muchos deseos y se solucionan muchos problemas, directamente o a través de símbolos, con lo que los sueños cumplen una misión como guardianes del descanso. Finalmente, los psicoanalistas y otros psiquiatras insisten en que la utilización apropiada y la explicación psicológica del material onírico pueden ofrecer a los pacientes abrumados por problemas personales el exacto conocimiento de dichos problemas, cosa que puede ayudar a liberarse de ellos y a obtener la normalidad psíquica.»

También hemos de hacer hincapié en el hecho de que es importante examinar, en su conjunto, los diversos sueños de una persona, pues hay mucho de común en todos ellos, aunque aparezcan símbolos distintos. Los conflictos suelen ir repitiéndose aunque con imágenes diversas.

Los símbolos oníricos no son mezclas arbitrarias; la simbolización suele desarrollarse siguiendo unas normas y unas pautas que se conocen como «paralelismo simbólico». En los diversos tipos de paralelismo simbólico las ideas y los conceptos están relacionados entre sí o se hallan ligados por procesos lógicos o emocionales. Por ejemplo, el padre del soñador puede estar representado por un rey, un maestro...

TIPOS DE SUEÑOS

Han sido muchos los intentos de clasificar los sueños por tipos o clases. Aquí damos una clasificación algo empírica pero útil a la hora de intentar comprender de qué tipo es el sueño que uno ha tenido. Los cinco tipos principales de sueños son los siguientes:

I. *Sueños provocados por condiciones físicas y fisiológicas.* — Se incluyen en este grupo aquellos sueños extraños de ansiedad y angustia, pesadillas tremendas y sin explicación, que suelen deberse a causas físicas u orgánicas, como defectuosas posiciones en el dormir, cenas copiosas antes de irse a la cama, dificultades respiratorias, disfunciones intestinales, etcétera. También originan este tipo de sueños los excitantes de todas clases (café, alcohol, tabaco y bebidas refrescantes a base de cafeína, y espectáculos violentos o terroríficos), los medicamentos, las necesidades fisiológicas (orinar, excretar) y las enfermedades que se relacionan con alteraciones del sistema neurovegetativo, lesiones cerebrales, esquizofrenia, afecciones cardiovasculares, etc.

II. *Sueños de naturaleza profética, premonitoria o clarividente.* — En este grupo se encuadran aquellos sueños que avisan de accidentes, desastres, calamidades, etc., o, simplemente, son visiones oníricas de cosas que han de suceder tal como se sueñan o que también obedecen a claves simbólicas.

Por supuesto, a esta clase pertenecen aquellos sueños simbólicos que son descifrados (o se intenta) según claves ocultistas o mágicas heredadas del pasado y que los científicos no aceptan. En nuestro Diccionario de los Sueños, este tipo de los mismos van precedidos de las letras *c.oc.* (Ciencias Ocultas).

Por tanto, a este grupo pertenecen los clásicos sueños bíblicos e históricos que nos hemos referido en uno de los apartados anteriores.

Modernamente podemos citar el hundimiento del Titanic y el desprendimiento de una montaña de carbón en Gales (Inglaterra), que en octubre de 1966 sepultó una escuela y otras construcciones próximas, causando la muerte a 144 personas. Una niña incluso soñó, el día antes de la tragedia, que «algo negro caía sobre la escuela». Al día siguiente el alud la sepultó con sus amiguitos.

III. *Sueños psicológicos o psicoanalíticos.* — Son los sueños que reflejan las expresiones simbólicas de la mente inconsciente. Muestran conflictos internos o externos del soñador, como problemas sexuales o afectivos, tensiones familiares o de trabajo, angustias por la situación del negocio, etc. Son sueños cuyo sentido puede descifrarse por medio del psicoanálisis o por la interpretación de sus símbolos, y que muchas veces denuncian neurosis, fobias y complejos (pasajeros o no) del soñador.

IV. *Sueños de viajes extraños o de proyección astral.* — Son los sueños en que el afectado parece viajar en espíritu o corpóreamente a lugares lejanos y extraños, incluso a países ignotos, con conocidos o con personas que no conoce. Comprende este grupo los viajes de proyección astral y los viajes aún no comprendidos o explicados del inconsciente.

V. *Sueños de mezcla o mixtos*. — Son aquellos sueños larguísimos e incomprensibles en que se barajan o suceden en cadena los sueños de diversos tipos, mezclándose lo real con lo más fantasioso.

Como vemos, el mundo de los sueños del ser humano es tan complejo como su vida en estado de vigilia. Y ambos están estrechamente vinculados por extraños canales sensitorios que utilizan la pantalla del cerebro para expresarse, aunque sea por medio del lenguaje de los símbolos que la mayoría de la gente desconoce, por lo que puede decirse que la incomunicación con el mundo empieza en nosotros mismos.

Para paliar en parte esta laguna, hemos tenido la idea de dar a conocer este *Diccionario de los Sueños,* pero conscientes de nuestras limitaciones, ya que sólo es posible la interpretación exacta de un sueño después de conocer y dialogar con el soñador. Como los sueños no tienen una traducción literal exacta para todo el mundo, es casi imposible establecer un diccionario universal de símbolos oníricos. No obstante, pese a tal limitación, hoy ponemos en sus manos esta guía que contiene algunos de los símbolos más comunes y conceptos más generalizados, muchos de los cuales pertenecen al «inconsciente colectivo».

II

DICCIONARIO DE LOS SUEÑOS

INTERPRETACIONES

ADVERTENCIA

Para hacer más fácil la comprensión e interpretación de los sueños, en nuestra obra hemos separado los significados *psicológicos* de los que da la tradición *ocultista*. Así, en los principales términos del diccionario incluimos dos acepciones: 1.º Las interpretaciones desde el punto de vista psicológico, indicado por la abreviación *psi.*; y 2.º Los significados que dan las Ciencias Ocultas, marcados con la abreviación *c. oc.*
Debemos dejar establecido también que no siempre es fácil decidir si un sueño es psicológico o profético a primera vista, pero la verdad es que hay que partir de la base de que el 80 ó 90 % de los sueños son de tipo psicológico, pero no por ello son menos importantes ya que, en cierto modo, constituyen el *presente* que habla del *futuro inmediato* del soñador. Quien se preocupa de buscar la interpretación de sus

sueños nunca va tan a oscuras por la vida como sus semejantes ni las cosas le salen tan mal como a los demás.

Y para los ocultistas, recordar que la Interpretación de los Sueños y otras artes adivinatorias forman parte de la llamada MAGIA AZUL, de la que trataremos en otra obra de nuestra Biblioteca Secreta.

A

ABANDONO

psi. 1. En ocasiones, el ser abandonado en sueños puede ser la expresión de un sentimiento angustioso inconsciente de perder un cariño que se necesita mucho.
2. Abandonar alguna cosa puede ser una advertencia del inconsciente con relación a unos aspectos de la vida que están siendo desatendidos peligrosamente; sirva de ejemplo este sueño: «Me voy, dejando abandonado un perro que me mira con lástima». Aquí, el perro, representa la vida instintiva que está siendo menospreciada por un sujeto de personalidad muy cerebral.
  c. oc.: *Abandonando a la esposa:* Se tendrán problemas.

Abandonando al esposo: Pérdida de amistades.
Abandonando a parientes: Vienen buenos tiempos.
Abandonando al novio o novia: Se contraerán deudas peligrosas.
Abandonando un barco: Fracaso en negocios.

ABANICO

psi. 1. Indica que se disfrazan o encubren las verdaderas intenciones o proyectos, que se coquetea con los deseos o planes reales. Es un símbolo de coquetería; con él, la mujer disimula sus defectos y el hombre sus vicios y malas inclinaciones.

c. oc.: *Soñar que se tiene un abanico:* Posibilidades de obtener una distinción o noticias agradables.

Una mujer perdiendo su abanico: Se alejará una amistad; peligro de dejar al descubierto algún secreto o vicio.

Una mujer comprando un abanico: Desea un hombre distinto al que la corteja.

Otras mujeres con abanicos: Muchas rivales.

Sosteniendo un abanico roto: Acechan disgustos o desengaños.

ABEJAS

psi. 1. Es un símbolo relacionado con la laboriosidad y cooperación social. Así, en el siguiente sueño: «Destruyo una colmena y las abejas me persiguen», indica que existen en el soñador fuertes tendencias antisociales, que experimenta cierta agresividad contra el entorno, seguramente por su falta de adaptación a la vida social.

    2. En ocasiones, las abejas que zumban representan impulsos instintivos que nos están excitando.

    c. oc.: *Abejas laborando:* Señal de dinero y prosperidad.
Abejas ofreciendo miel: Prosperidad en el hogar.
Matar una abeja: Contratiempos.
Ser picado por una abeja: Peligro de traición por parte de una amistad.
Abejas haciendo miel dentro de la propia casa: Se vencerá a los enemigos.
Abejas elaborando miel en un árbol: Grandes ganancias financieras.

ABETO

    psi: Como la mayoría de los árboles es un símbolo de potencia.

    c. oc.:Presagia acontecimientos felices e inesperados.

ABISMO

    psi. 1. En ocasiones, el abismo de los sueños representa los temores de dejarse llevar por los instintos femeninos, por el aspecto peligroso y aniquilador de los mismos, al tiempo que pueden ser una expresión del sentimiento de culpabilidad, de la angustia de caer en el tan cacareado «abismo del pecado», según la educación moral recibida; como en el ejemplo siguiente: «Sueño muchas veces que voy corriendo por una gran llanura, por un hermoso y verde prado, lleno de flores, pero sin ningún árbol. Corro y corro sin parar. Luego, de repente, se acaba el campo y me veo caer por un gran abismo, un enorme precipicio por el que caigo sin posibilidad de evitarlo y al que nunca le encuentro el fondo..., hasta que me despierto sobresaltada». Este sueño viene a representar que la joven siente deseos de adentrarse por el prado de sus sentimientos, por la primavera de sus deseos... Las flores simbolizan aquí el despertar psíquico, el nacimiento de su sexualidad, la fertilidad de sus sentimientos y deseos, de sus ilusiones y ensueños... Desea correr, volar en pos de su destino amoroso, de los placeres y de los afectos. La caída al abismo no es más que una expresión inconsciente de temor, de culpabilidad, por estar a merced de los instintos femeninos. En cierta manera, este sueño es un aviso de que una no debe dejarse arrastrar por la pasión y de los peligros que encierra el amor para la mujer. Es archiconocida esta frase: «la mujer caída», como símbolo de la fémina que se ha dejado llevar por los deseos del amor sin haber reflexionado sobre sus consecuencias.

2. Advertencia inconsciente de un peligro real del que uno no se ha dado cuenta o que *prefiere ignorar*.

3. Verse al pie de un abismo suele indicar que el sujeto está aproximándose a una etapa peligrosa de su existencia.

4. Ver a otros en el abismo señala que la si-

tuación de tales personas es, o va a ser, catastrófica; el inconsciente ya ha elaborado unas consecuencias a partir de unos datos que en estado de vigilia no han sabido relacionarse.

5. En ocasiones se halla uno, después de una larga caminata, ante un profundo abismo; una pendiente aterradora por la que se ve obligado a descender. Esto es una clara advertencia de que debe explorar el «fondo de sí mismo», su inconsciente, antes de caminar con seguridad por la vida; primero necesita saber qué ha de rectificar en su manera de ser. Este sueño, en general, es favorable, ya que ayuda al sujeto a tomar contacto con las profundidades más íntimas de su ser.

6. A veces, sobre el abismo, se encuentra un puente, lo que significa que el otro yo está dispuesto a sobrepasar las dificultades que se presenten. Es, en definitiva, un sueño positivo.

c. oc.: *Caer en un abismo:* Mucho cuidado con los negocios.
Escapando de un abismo: Se superarán las dificultades.

ABORDAJE

psi. 1. El ver un abordaje en sueños entre navíos o embarcaciones puede advertir del peligro de que algún proyecto o negocio no salga como se había imaginado. Puede reflejar enfrentamientos o luchas, que también pueden ser de tipo personal. Hay que tener presente que el barco (véase este término) significa la trayectoria o el «vehículo» de nuestras grandes aspiraciones, proyectos o destino.

2. También puede ser premonitorio, como en el caso histórico del almirante Nelson. Semanas antes de la célebre batalla de Trafalgar, Horacio Nelson había soñado varias veces que «abordaba un buque desarbolado y próximo a hundirse». Muchos lo interpretaron como de victoria en el combate, pero en su fuero interno, el almirante estaba muy intranquilo por su suerte, como lo demuestra el hecho de que·al despedirse del capitán Blackwood, tras decirle éste: «Confío que a mi regreso hallaré a Su Señoría en posesión de veinte presas», el almirante Nelson le contestara: «Dios le bendiga, Blackwood. No le volveré a ver». En el fragor del combate Nelson cayó herido gravemente, expirando aquella misma tarde, después de serle comunicado que había ganado la batalla y de que la armada franco-española acababa de ser derrotada. Era el 21 de octubre de 1805. Se cumplieron pues los presagios del sueño y los propios presentimientos del almirante inglés: *alcanzaba la victoria sobre el enemigo, pero sucumbía en el empeño.*

3. Un sueño parecido lo tuvo el presidente de los Estados Unidos Abraham Lincoln, personaje que fue dado especialmente a tener presentimientos y precogniciones, además de ser el centro de otros fenómenos parapsicológicos. En su último sueño se vio «flotando en una gran extensión de agua y un buque, con todo el trapo desplegado, se precipitaba contra él». Despertó angustiado explicando el sueño a sus colaboradores y advirtiéndoles de que iba a verse envuelto en una tragedia. En menos de veinticuatro horas recibía un tiro en la cabeza, mientras asistía a una función teatral en Washington. Era el 14 de abril de 1865. Lincoln moría al día siguiente.

ABORTO

psi.: Puede hacer referencia a un aborto real, pero la mayoría de la veces refleja el temor a ver malogrado un proyecto o empresa. Es un signo de inseguridad en el ánimo de la persona que sueña.
    c. oc.: *Hombre viendo abortar a una mujer, decidiendo un aborto o ayudando a realizarlo:* Presagia alguna enfermedad o accidente; máxima precaución en los viajes y trabajos peligrosos.
    Mujer soñando que aborta: Sufrirá sinsabores y decepciones. Aviso de resbalones amorosos.
    Otras mujeres teniendo un aborto: Anuncio de soledad y dificultades.

ABRAZO

psi. La mayoría de las veces simboliza los deseos sexuales, sobre todo si se realiza con una persona del sexo opuesto.
    c. oc.: *Abrazando a parientes:* Peligro de traición.
    Abrazando a niños: Presagia prontas alegrías o buenas noticias.
    Esposo o novio abrazando a alguien: Presagia larga vida.
    Esposa o novia abrazando a alguien: Soledad y problemas.

ABRIGO

psi. El abrigo nos envuelve, nos protege, oculta y nos da calor. En ocasiones, pues, simboliza a la madre. No en vano se dice coloquialmente que uno está «bajo el amparo y abrigo de la madre» o de otra persona. Así, si uno sueña que lleva el abrigo de su madre, puede ser indicativo de que aún sigue aferrado en exceso a ella, de que no ha salido todavía a la «intemperie» de la vida para valerse por sus propios medios y tomar decisiones personales.

    c. oc.: *Usar un abrigo nuevo:* Se presentarán problemas en los negocios o en el trabajo.

    Usar un abrigo viejo: Buenas noticias o beneficios.

    Llevar un abrigo ajeno: Se tendrá que solicitar ayuda a una amistad.

    Perder un abrigo: Pérdidas en algún negocio, proyecto o especulación financiera.

ABSCESO

    psi. 1. En algunas ocasiones advierte de que, realmente, se le formará un absceso al soñador.

    2. Soñar que uno tiene un absceso puede ser indicativo de que las fuerzas psíquicas están reaccionando contra determinadas «infecciones del psiqué», rechazando hacia el exterior anomalías o defectos.

    c. oc.: *Tener un absceso:* Recuperación rápida de la salud.

    Operación de un absceso: Se resolverá un misterio.

    Tener un absceso en el cuello: Presagio de enfermedad.

ABSURDO

psi. Hacer algo absurdo en sueños es un aviso de que se quieren hacer cosas imposibles en la vida real. Los absurdos pueden tomar las formas más variadas: «subir un tren por unas escaleras», «hacer navegar un barco por la ciudad», «uncir un oso o un tigre a un carruaje de caballos», etc.

ABUELO

La figura del abuelo (o abuela) hace referencia a raíces, orígenes y antecedentes familiares de uno. A menudo, la figura onírica del abuelo simboliza los mandatos de la infancia, de la niñez. Los ancestros son tradicionalmente los guardianes de las buenas maneras y el comportamiento, así como de la profunda moral y valores religiosos. En ocasiones, representan a los padres, de una manera distorsionada, porque tales sueños están relacionados con afectos y antagonismos que pueden tratar de desconcertar al soñador. Ejemplo de sueño: «Soñé con mi abuelo, que estaba con mi padre y yo era pequeño. Se encontraba en el lecho diciendo que se moría; él murió hace diez años, cuando yo tenía siete. En el sueño se repetía la escena descrita y yo lloraba». Aquí, probablemente, el sueño tiene por significado alguna clase de remordimiento por haber hecho algo que no le hubiera gustado al abuelo, o que fuera en contra de las costumbres familiares.

c. oc.: *Hablar a un abuelo o abuela:* Fallecimiento en la familia; herencia.

Estar nietos o nietas en compañía de los abuelos: Mejorará la salud.

ACANTILADO

psi. Soñar una mujer que es perseguida por un acantilado, sea por un hombre, caballo, monstruo, etcétera, significa generalmente que los instintos sexuales o las tentaciones de la carne se están apoderando de ella. Estas pesadillas suelen estar motivadas por proposiciones amorosas que se reciben en la vida real. Por supuesto, el acantilado (pared rocosa que separa la tierra del abismo del mar) señala que una corre peligro de tener una caída carnal, de dejarse llevar por unas relaciones no matrimoniales y que puede tener serios problemas.

ACCIDENTE

psi. 1. En ocasiones suele simbolizar el miedo a sufrir un castigo por haber realizado actos contrarios que atentan al sentido estricto de la moral. Otras veces indica que hay ciertos sentimientos neuróticos de culpabilidad en el soñador. Y también puede representar los temores a fracasar en algún proyecto o trabajo sin olvidar, que en ocasiones, pueden ser presentimientos inconscientes de que algo va a suceder, ya que el inconsciente capta cosas que los otros sentidos no saben relacionar. Sirva de ejemplo el caso que sigue, relatado por Evelyne Weilenmann: «Un labrador, después de un viaje en un coche de dos ruedas tirado por un caballo, soñó que el coche en que viajaba sufría un accidente a consecuencia de la rotura de un eje. Junto al vehículo accidentado, yacía un cuerpo exánime. No pudo reconocer si la víctima era él mismo o alguna persona conocida. Habló sobre el particular con su criado que el domingo hacía las veces de cochero, y éste, se echó a reír. Se había repasado el carruaje concienzudamente antes de barnizarlo de nuevo; todo era correcto y estaba en perfecto orden. Pero el labrador ya no montó en el coche. El criado lo hizo servir para transportar pequeñas cargas, como por ejemplo, un saco de harina. El vehículo, pues, llevaba menos peso que si hubiese transportado al dueño. Sin embargo, catorce días después, se produjo el accidente de la rotura del eje».

Este sueño es muy probable que no tenga nada que ver con la clarividencia propiamente dicha ni con espíritus que le advierten a uno de un peligro sino que, lo más probable, es que durante los viajes con el amo el inconsciente de éste captó algunos crujidos o ruiditos que pasaron inadvertidos a los sentidos normales, los relacionó, y creó el sueño como advertencia. De una forma u otra, el propietario salvó posiblemente la vida, o como mínimo se libró de un accidente, gracias a haber tenido en consideración el sueño.

2. En los sueños de accidentes es muy conveniente, para interpretarlos con la mayor exactitud, analizar tanto los vehículos que intervienen en el mismo (coche, bicicleta, avión, barco, tren...), como los lugares (bosque, lago, mar, ciudad) donde se producen, y todos los demás elementos que intervienen en el mismo.

3. En el capítulo de los accidentes es donde se producen mayor número de sueños premonitorios o proféticos. Recordemos, por ejemplo, el que tuvo la esposa de Julio César (Calpurnia), viendo cómo se desplomaba el techo de la casa mientras mataban a su

marido en sus brazos. Y en efecto, al día siguiente, en los idus de marzo, Julio César era asesinado en el Senado y se venía abajo todo el imperio que él había levantado.

El mismo almirante Nelson, tres o cuatro semanas antes de la batalla de Trafalgar, se vio perseguido por un sueño en el que abordaba un buque desarbolado y presto a hundirse. Este abordaje era un siniestro presagio que, indefectiblemente, se cumplió. La armada inglesa alcanzó la victoria apuntándose un éxito más, pero Horacio Nelson, herido en el combate, perdió la vida.

Como ejemplo más reciente podemos citar el caso de aquel inglés apellidado O'Connor que tenía reservados pasajes para él y su familia en el transatlántico «Titanic». Unos días antes de embarcar, soñó por dos veces que el *buque naufragaba y que la totalidad de los pasajeros se encontraban flotando sobre el mar*. Tomó la determinación de anular el viaje explicando a sus familiares y amigos el por qué de aquella repentina decisión. En la noche del 14 al 15 de abril de 1912 el «Titanic» se iba a pique al colisionar con un iceberg ahogándose 1.513 de sus 2.224 pasajeros y tripulantes. Gracias a esta enigmática precognición onírica la familia O'Connor salvó, seguramente, la vida.

Otro caso relacionado con sueños premonitorios fue el del terrible corrimiento de una montaña de escoria de carbón que causó la muerte de 144 personas en Gales (Inglaterra), en octubre de 1966, que sepultó una escuela y otras construcciones cercanas. Este mortal alud de carbón había sido visto en sueños por varias personas en fechas anteriores, pero nadie lo tomó en serio. Una niña de diez años, alumna de la escuela desaparecida, incluso tuvo premoniciones quince días antes del desastre. La noche anterior soñó con «algo negro que caía sobre la escuela». En la fecha de la tragedia, ella misma fue sepultada con el resto de sus amiguitos.

c. oc.: *Verse en un accidente:* La vida de uno corre peligro; máxima precaución en los desplazamientos.

Accidente marítimo: Habrá una desilusión amorosa.

ACEITE

c. oc.: *Vertiendo aceite:* Presagio de pérdidas.
Recogiendo aceite: Ventajas.
Vertiendo aceite sobre uno mismo: Ganancias.
Otra persona vertiendo aceite sobre uno: Traición.
Beber aceite: Peligro de contraer alguna enfermedad si no se actúa con prudencia.
Rompiendo una vasija llena de aceite: Probable muerte en la familia.

ACEITUNAS

c. oc.: *Coger o comer aceitunas:* Penas, tormentos, disgustos.
Prensar aceitunas: Beneficios, ventajas, provecho.
Ofrecer aceitunas en una rama: Se evitará un conflicto, se buscará un arreglo amistoso.

Ver aceitunas en los olivares: Presagio de paz.

ACEQUIA

psi. En ocasiones simboliza los aspectos fecundos del instinto femenino, como en el sueño que sigue, narrado por el Dr. Otaola: «... pasaba por allí una acequia de agua clara. Parecía un espejo. Empecé a sacar cubos de agua para regar plantas y flores, clavellinas y rosas». Aquí, el agua cristalina de la acequia representa la fuente psíquica de la soñadora, el agua de los afectos y sentimientos, con los que desea regar y hacer crecer las flores de sus deseos que, al mismo tiempo, pueden simbolizar el sexo opuesto y a los hijos, a los frutos de sus sentimientos.

c. oc.: *Caer a una acequia:* Presagia disgustos en el hogar.

Estar junto a una acequia: Preocupaciones, dudas.

ACOMODADOR

psi. En muchas ocasiones representa al «acomodador» que llevamos dentro de nuestra personalidad, que nos coloca en el «asiento» que nos corresponde en la «función» de la vida. Otras veces, simboliza a superiores o jefes, que intentan situarnos en puestos que no deseamos o que consideramos que no están acordes con nuestros conocimientos.

ACOSTARSE

c. oc.: *Verse acostado:* Indica que viene un período de incertidumbre y de espera, en el que uno no debe precipitarse a la hora de tomar decisiones.

Acostarse uno con individuos del mismo sexo: Contrariedades.

Acostarse uno con individuos del sexo contrario: Disgustos.

Acostándose con la propia madre: Suerte.

ACROBATA

psi. En ocasiones representa la potencia o capacidad de afirmación viril puesta a prueba, como vemos en el sueño siguiente, publicado por el doctor Otaola: «Me encuentro en un circo del que soy artista acróbata. Estoy haciendo unos ejercicios, cabeza abajo, en el trapecio. El jefe de pista, con un látigo en la mano, me acucia para que realice los ejercicios. Entre el público, mujeres jóvenes me miran y se ríen». Aquí, el jefe de pista simboliza al abuelo, que le incitaba a comportarse varonilmente en la vida, representada por el circo. Los ejercicios cabeza abajo indican que al soñador todos sus propósitos le salían al revés. Las risas del público femenino representaban sus sentimientos de inferioridad.

c. oc.: *Una acróbata teniendo un accidente:* Se saldrá con bien de los peligros.

Viéndose uno como acróbata: Se vencerá a los enemigos.

Un pariente haciendo de acróbata: Corre uno peligro de ser engañado o estafado.

Viendo la actuación de acróbatas: No se debe viajar en un período mínimo de nueve días.

ACTOS SEXUALES

psi. El soñar a menudo con actos sexuales, consumándolos o no, indica, con frecuencia, los deseos eróticos del que sueña, la necesidad de amar y ser amado. Es un sueño corriente en los jóvenes. En los adultos, a menudo, se trata de un símbolo de frustración: sueñan con lo que desearían que fuese y no es.

ADELANTARSE

psi. El adelantarse a alguien, el pasar delante de otro, puede ser la expresión de las ambiciones excesivas que hay en el soñador.

AFEITAR (SE)

psi. 1. El acto de ser afeitado por el barbero o afeitarse uno mismo, puede hacer referencia al deseo de eliminar de la vida de uno cosas que le molestan, que le crean problemas... En general, son preocupaciones o conflictos relacionados con la vida afectiva o erótica, o de la convivencia humana.

2. A veces, se refiere a los deseos inconscientes de castrar a alguien o ser castrado, como en el

caso que exponemos, narrado por el Dr. Otaola, en el cual hacía de barbero el propio médico: «Soñaba que usted me visitaba pero de un modo extraño. Me enjabonaba la cara, a mí y a otro paciente, para afeitarnos después con una navaja. Primero era el otro y yo debía esperar, pero insistía en que me afeitase a mí antes, y al hacerlo, la navaja me cortó. Entonces usted dijo que esto sería mejor hacerlo de noche que es la hora de dormir y cuando vienen los sueños, y el tratamiento se haría más rápido. Luego, una artista de cine me preguntó cómo me encontraba y me cuidó la herida». En este sueño, la actriz cinematográfica representa los deseos de protegerse contra un impulso homosexual.

AGRESION

psi. 1. Agredir o ser agredido en sueños es una expresión simbólica de impulsos agresivos inconscientes. Suele suceder con frecuencia que ciertas personas tengan sueños en los que aparecen desconocidos que les atacan y con los que tienen que luchar violentamente, hasta matarlos. Estos desconocidos adoptan las figuras más diversas, de acuerdo con la cultura, carácter y medio ambiente de cada soñador, pero siempre como expresión simbólica de lo antisocial y peligroso: asesinos, terroristas, bandidos, piratas, atracadores, etc. Lo que sorprende —y asusta sobre todo a los soñadores— es que cuando están convencidos de haberse librado (en sueños) de ese enemigo, al que acaban matando a pedradas, estrangulándolo, a golpes con un palo, a tiros, a puñaladas o de cualquier otra manera, aparece otro, al que eliminan después en nueva y feroz lucha y persecución, para más tarde aparecer otro día y en otro sueño, un nuevo enemigo, con la consiguiente angustia y terror.

Generalmente —a excepción hecha de aquellos casos (contados) en que este tipo de imagen onírica es esporádica y profética, o sea, que anuncia un peligro real inminente—, esta clase de sueños denuncian la existencia de un conflicto psicológico en el inconsciente o subconsciente del soñador. Este conflicto se origina a causa del enfrentamiento de fuerzas o tendencias psicológicas contradictorias en el sujeto, los cuales tienen lugar al margen del conocimiento consciente del soñador. Por ejemplo, en el individuo pueden existir impulsos de tipo sexual que son frenados por las autoexigencias morales que a uno le han inculcado. Estos impulsos o deseos adoptan en los sueños la figura de maleantes, delincuentes, etc., que representan, por tanto, aspectos inconscientes de la propia moralidad, con los cuales se está en relación conflictiva.

La solución en tales casos —amén de la obligada consulta al psicólogo—, es reducir la propia agresividad, abandonar las ideas demasiado férreas y fanáticas, adoptar la confraternización y la flexibilidad entre las diversas doctrinas y postulados morales y políticos, pensar que hay que conocer lo bueno y lo malo que llevamos dentro, evitar los extremismos, dejar que los deseos inconscientes afloren a la superficie, etc. Entonces desaparece el conflicto inconsciente y los desconocidos agresivos ya no salen más en sueños.

Veamos a continuación dos sueños tenidos por el mismo sujeto: «Soñé que un japonés me iba a dar una patada en la cara, pero le cogí de un pie y una mano y le di un golpe en la pared, y como no se moría le di unos cuantos pinchazos en el pecho, y viendo que seguía vivo le di un corte en la garganta y entonces murió». El otro sueño: «Resulta que estoy persiguiendo a algunos terroristas o maleantes y después de un intenso tiroteo mueren todos, que suelen ser menos de cinco». En general, estos sueños señalan una pugna inconsciente para impedir que afloren determinados deseos sexuales, pero los mismos siguen batallando, hasta que son vencidos por la rígida moral, que no deja que sean satisfechos. Pero inútilmente, porque volverán a salir en otros sueños...

2. Muchas veces, los sueños de agresión en el hombre son un reflejo de la naciente virilidad y su correspondiente satisfacción sexual, que suele ser reprimida por la moral inculcada, probablemente por temor a dejarse dominar por la pasión, como en el caso siguiente: «A veces sueño que me persiguen para matarme y cuando van a lograrlo, saco una pistola, disparo, y mato al agresor. Sueño muchas veces con cosas parecidas, y que estoy metido en peleas y jaleos violentos».

3. A veces, los personajes de esos sueños toman las figuras de animales. Por esa razón se hace necesario estudiar detenidamente todos los elementos y detalles de la visión onírica. Ejemplo narrado por el Dr. Otaola: «Un perro despedaza ante el público a una oveja que se queja lastimeramente mientras vierte gran cantidad de sangre». Este sueño, de una mujer —que está simbolizada por la oveja—, señala que existe un temor enfermizo hacia la agresividad

del varón. Por las causas que sean, siente pánico por someterse a la «ferocidad» del hombre.

AGUA

psi. 1. El agua es el símbolo principal que representa el inconsciente, la vida interior de la persona. De manera parecida a como vivifica la tierra en sus diversos aspectos y formas dando lugar a la lluvia, ríos, fuentes, lagos, mares, océanos, etc., que tienen la misión de alimentar unas peculiares y específicas formas de vida, el agua de nuestra psiquis también adquiere las formas homónimas de lagos, torrentes, cascadas, mares, ríos, etc., que tienen la misión fundamental de alimentar y regar nuestros deseos, emociones, sentimientos, ilusiones, ensueños e, incluso, pasiones. Todo ello significa que el agua de la psiquis también puede tener diversas misiones y objetivos, que se traducen en amplios y variadísimos significados.

Por esa razón, aunque aparezca el elemento agua en un sueño, para interpretarlo debidamente es indispensable conocer cuantos detalles aparecen en el mismo, por insignificantes que en principio se nos antojen. Y, sobre todo, como sucede con el agua de la tierra, siempre debe tenerse en cuenta que el agua del inconsciente también anuncia o representa peligros que adoptan la forma de diluvios, inundaciones, torresntes impetuosos, pantanos o depósitos que revientan, tempestades en el mar, aguas sucias y corrompidas, etc. Según sea clara o turbia, cristalina o sucia, el agua refleja el estado de ánimo del soñador:

optimista si es clara; pesimista si es sucia o está alterada.

2. En ocasiones, soñar que el agua turbia lo inunda todo puede significar o simbolizar los aspectos negativos de la enfermedad, que están creando algún conflicto a nivel inconsciente.

3. Ser sacado del agua o sacar a otra persona es una imagen simbólica primitiva de la situación intrauterina, del nacimiento. Puede significar el nacer a una nueva manera de comportarse o de enfocar las cosas, un renacimiento espiritual, etc.

4. El descender a las profundidades marinas puede simbolizar que uno está explorando su inconsciente, en busca de respuestas a problemas trascendentales.

5. Soñar que uno se está preparando para pescar o pescando en algún río, lago, etc., es otra imagen onírica que se refiere a la exploración del inconsciente.

6. Existen sueños en los que uno se ve adentrándose en las aguas de un lago o estanque, para lavarse o quitarse manchas. En tales circunstancias el agua se simboliza como elemento *purificador,* significando que uno dispone de energía psíquica para mejorar, para renacer, para adentrarse en una nueva etapa de su existencia, para entrar en una vida nueva y superior. Este agua de los sueños no lava el cuerpo, sino el alma, el espíritu.

Por supuesto, el agua es un símbolo tan antiguo que no pertenece únicamente al inconsciente individual del momento, sino al inconsciente colectivo; es decir: que este símbolo es una herencia común de la humanidad y existe en todas las razas y continentes. Recordemos que en las propias religiones el agua juega un papel importantísimo como ELEMENTO PURIFICADOR, ya en forma de bautismo, de abluciones, de aspersiones, baños, etc. La misma Biblia, en el *Eclesiastés,* dice: «Te lavaré con agua pura, y quedarás purificado».

7. En ocasiones representa el lado impoluto que hay en uno, como en el sueño que relata el doctor Otaola de una mujer «que duda entre un vaso de agua y una copa de licor», es decir, que titubea frente a la disyuntiva de dejarse arrastrar por su naturaleza espiritual (agua) o por la animal representada por la copa de licor.

8. Otras veces, el agua puede asumir la representación del semen, del líquido fecundante, como en el siguiente sueño (explicado por Angel Garma): «Mi novio, en el piso de arriba, me está echando agua gota a gota. Yo estoy en el piso de abajo. Llevo una salida de baño extraña. Todo ello está sucediendo en una casa sucia. No sé por qué me encontraba allí, pero me hallaba a gusto». Este sueño representa el acto sexual que solicitaba o deseaba el inconsciente de la joven. La posición representa el estar uno encima de otro. El agua gota a gota es la eyaculación. «La salida de baño extraña» puede simbolizar el que ella se encontrase desnuda y el carácter, además, de experiencia en el terreno sexual. La casa sucia refleja cómo ve su conciencia el acto. Pero la expresión final «me hallaba a gusto», señala que, pese a todo, aceptaba la situación por encontrar placer en ella.

9. El ducharse también puede estar relacionado con el acto sexual fecundante, como en el sueño explicado también por Angel Garma en el cual, la

mujer que lo tuvo vio lo siguiente: «Estaba en la ducha y de pronto me daba cuenta de que no me había puesto el gorro de baño. Me decía a mí misma que dos días atrás me había lavado la cabeza y que era un fastidio tener que secármela de nuevo. Iba repitiendo que era un fastidio y veía el agua caer sobre mi cabeza y mojármela». Este sueño refleja las preocupaciones inconscientes de la mujer ante un posible embarazo, después de un segundo coito —dos días en el sueño— sin haber tomado las precauciones debidas; es decir: no habiéndose puesto el diafragma anticonceptivo (simbolizado por el gorro de baño, mientras que la cabellera encarna el pubis). La sensación de fastidio al mojarse la cabeza refleja su desencanto ante la posibilidad de quedar embarazada. El agua es el semen.

10. En un sueño explicado por Elsie Sechrist, el agua también tiene el simbolismo de los deseos sexuales: «Un hombre soñó durante cinco noches consecutivas que se inundaba su jardín y las aguas penetraban en la casa, donde alcanzaban una altura de treinta centímetros en su dormitorio, despertando sobresaltado a causa de ello». En conjunto, esta visión onírica advertía al sujeto de que se estaba dejando arrastrar excesivamente por las apetencias sexuales y que corría el peligro de que aquéllas se desbordasen e inundaran su personalidad, ahogándola.

11. En muchos sueños el agua representa la femineidad, el amor, el afecto femenino que se ansía, teme, rechaza, carece, etc. Es significativo el sueño que transcribimos, junto con la respuesta que dimos en su día, que por proceder de nuestro consultorio (carta) —no pudiendo por esa razón cambiar impre-

siones con la persona que lo tuvo—, puede adolecer de alguna falta de certidumbre en algunos aspectos: «Soñé que estaba nadando en un inmenso mar pero, de pronto, ese mar se convirtió en un desierto. Yo me encontraba pidiendo agua y entonces apareció un vaso del cual bebí. Casi al momento me desperté sobresaltado porque una voz me dijo que estaba envenenada, y yo, me sentía morir poco a poco en medio de grandes sudores».

Podemos considerar que el mar representa aquí a la madre, al cariño del hogar. La conversión de esa inmensa cantidad de agua en desierto debemos interpretarla en el sentido de que al enfrentarse con la vida cotidiana, han surgido obstáculos o problemas que no permiten su integración afectiva con los demás, es decir, que le falta una verdadera participación amorosa con otros y que echa de menos el afecto de la madre. El vaso de agua del que bebe, para no morir de sed en el desierto sin amor, no es nada más que el simbolismo de la mujer, de la femineidad, del sexo opuesto, del cariño que desea. En cierta forma esta visión onírica refleja y resume las apetencias sexuales del soñador, las cuales aspira a satisfacer (por eso bebe del vaso, por ello ingiere el líquido del amor). La voz que le advierte de que el agua está envenenada no es más que la representación de la moral o autocensura que anida en uno, la cual, no es otra cosa que la acción ejercida por las tendencias psíquicas que se oponen a la expresión consciente de los impulsos instintivos por ofrecer con ellos una total incompatibilidad. En otras palabras, es la censura interior que le viene a decir: «No hagas eso, que el sexo es pecado»; «cuidado, que es falta de pureza la relación carnal con mujeres». En su aspecto más amplio, como hemos dicho al principio, el mar, en esta visión onírica, simboliza a la madre. Incluso cabría preguntarse si el sujeto del sueño tuvo falta de cariño materno, dificultades filiales, o si su madre había muerto, ya que entonces el desierto deberíamos interpretarlo en su concepción más abierta y profunda, como la ausencia de «la cuna de la vida»; no olvidemos aquel concepto de que el mar es *la cuna de la vida*. En su concepción psíquica es el seno materno con sus riquezas espirituales y también con sus frustraciones.

12. Como en la vida real, soñar con aguas sucias o contaminadas significa que algo no funciona bien en nuestro entorno y que el inconsciente nos advierte de ello, ya que esa contaminación puede perjudicar a la propia personalidad. De manera parecida a como los vertidos industriales, químicos, petroleros, etc., van alterando la ecología del medio ambiente terrestre, contaminando ríos, lagos y mares, convirtiéndolos en verdaderas cloacas fétidas donde la vida queda exterminada, los vertidos «industriales» de nuestro interior (pensamientos demasiado pesimistas, instintos incontrolados, frustraciones, conflictos, vicios, mala alimentación, drogas, tabaco, bajas pasiones, falta de resistencia y defensas frente a los ataques psíquicos de los demás, carencia de alta espiritualidad, materialismo excesivo, etc.) también van contaminando los ríos, lagos, fuentes y mares de nuestro espíritu. En tales casos, es muy conveniente averiguar dónde radica la perturbación del inconsciente para ponerle remedio. Entonces no es de extrañar que en los sueños aparezcan seres estrafalarios

purificando el agua de alguna manera, como en el caso siguiente: «Me encontré en una playa (donde no llegaba el mar) que estaba contaminada, con el agua muy sucia. Dicha agua estaba aislada por unos barrotes y, dentro de los mismos, había dos hombres con trajes especiales que la purificaban...». De esto se puede deducir que la persona en cuestión —una mujer— tenía un exceso de materialismo, de «contaminación psíquica», pero que las partes positivas, las fuerzas espirituales interiores, estaban trabajando para evitar el contagio total. Era un buen augurio, pues indicaba que existía una lucha interior para reducir la «contaminación» y purificar la ecología psíquica.

13. Por supuesto que, en ocasiones, los sueños de accidentes en el agua pueden resultar proféticos o premonitorios, como en el caso del psiquiatra alemán Bernhard von Gudden, que tuvo un sueño en el que se veía arrastrado al fondo de un lago unido a un hombre que lo estrangulaba o ahogaba al querer salvarlo. Días más tarde, el 13 de junio de 1886, mientras paseaba con Luis II de Baviera (también conocido por el «Rey Loco») por las cercanías del lago Starnberg, el monarca, en un rapto de locura, se precipitó al lago. El doctor Gudden se fue tras él con la intención de salvarlo, pero acabaron pereciendo ambos. Luis II arrastró al fondo a su médico, forcejeando para evitar que no lo sacase a la superficie.

14. Otro caso premonitorio relacionado con el agua, y concretamente con un lago, tiene por protagonista a un escocés que había soñado repetidas veces que «su cuerpo era extraído ahogado de un

lago cercano». Le impresionaban de tal modo esas visiones oníricas que por miedo tan siquiera se acercaba a las inmediaciones del lago. Sólo al cabo de mucho tiempo se acercó al susodicho lago en una excursión colectiva, accediendo a ruegos de sus amigos a hacer parte de la travesía en barco, pero, con la condición de cruzar el lago por el trayecto más corto. El resto del camino lo hizo a pie bordeando la orilla, mientras sus amigos continuaban el viaje en barco. El vaporcito cruzó el agua sin contratiempos y después de un viaje plácido ancló en el embarcadero donde estaba esperándoles el escocés. Y cuando los de a bordo se estaban burlando de las supersticiones de su amigo, la madera carcomida del embarcadero cedió bajo los pies de aquél, hundiéndose en el lago y pereciendo ahogado.

c. oc.: *Soñar con agua caliente:* Anuncia fiebre y ataques nerviosos.

Bogar por aguas apacibles: Indicios de que se está navegando alegremente por el «río» de la vida.

Tomando agua de una fuente: Se encontrará una compañera o esposa hallando en ella la felicidad anhelada.

Tomando agua sucia de una corriente: Anuncio de enfermedad, indisposición o contratiempos.

Sacando agua de un pozo: Próximas dificultades con la esposa; fortuna o beneficios imprevistos.

Bañándose en agua clara: Señal de buena salud.

Bañándose en agua sucia: Aviso de próxima enfermedad o indisposición.

Sacando agua de un río o de una balsa: Pronostica bienestar.

Sacando agua del mar: Buenos negocios, beneficios.

Sacando agua fangosa de un río o balsa: Problemas, querellas, discordias.

Bebiendo agua de un vaso: Anuncio de próxima boda o unión.

Bebiendo agua templada: Molestia, indisposición.

Pidiendo un vaso de agua: Señal de alegría y bienestar.

Soñar que a uno le ofrecen un vaso de agua: Señal de que nacerá un niño.

Caer al agua y despertarse sobresaltado: Signo de matrimonio; vida arruinada por la esposa.

Beber agua muy fría: Prosperidad y triunfo sobre los enemigos.

Romper un vaso de agua: Fallecimiento de la madre. Rompimiento amoroso.

Derramar un vaso de agua: Fallecimiento de un hijo.

Caer en agua clara: Señal de reconciliación y alegría.

Caer en agua sucia: Indica desunión, desavenencias, tristezas.

Caer en agua muy fría: Señal de reconciliación y felicidad.

Ver agua fluyendo por un río: Buenas noticias sobre una persona que está de viaje.

Ofrecer agua a otro para beber: Herencia, favores, protecciones, trabajo y seguridad.

Ver un río desbordándose: Señal de bue-

nas noticias sobre pleitos pendientes.
Llenar un recipiente de agua: Trabajo seguro, buen estado de salud.
Persona rica que sueña con agua sucia y cenagosa: Advierte de un peligro o desgracia.
Persona pobre que sueña con agua cenagosa: Problemas con los jefes o superiores en el trabajo o profesión. Dificultades en las relaciones sociales.
Navegando en barca por el agua: Dinero inesperado, triunfo en amores o en un proyecto profesional.
(Véanse los términos relacionados con agua: *acequia, fuente, lago, río, mar,* etc.)

AGUACERO

psi. Los sentimientos e impulsos están tomando demasiada fuerza y empiezan a descontrolarse.
c. oc.: *Bajo un aguacero:* Desengaño amoroso o ruptura de promesa.
Otros bajo un aguacero: Peligro de accidente.

AGUILA

psi. 1. En algunos sueños puede representar las fuerzas espirituales del soñador, sus pensamientos elevados, la autoafirmación de la personalidad... Recordemos que el águila fue el símbolo de Juan el Evangelista, el más místico de los apóstoles, por lo que puede simbolizar el más alto vuelo del espíritu.
2. En otros sueños representa la fuerza viril,

el poder, la potencia agresiva, las ambiciones de alto vuelo, la fuerza dominante. En el antiguo Egipto el águila representaba la realeza y lo divino. Y en su representación del poderío, del dominio de la independencia y de las conquista ha sido adoptada como emblema por diversos países y ejércitos, desde la antigua Roma hasta los Estados Unidos (en que el águila calva es símbolo de libertad con responsabilidad), pasando por los Habsburgo, Napoleón e Hitler. En general, pues, el águila en sueños representa los deseos de conquista, de poder, de dominio del soñador, según su estado de ánimo o debilitamiento de su potencia anímica.

3. El águila en los sueños puede representar, también proyectos atrevidos o empresas peligrosas del durmiente. No olvidemos la frase de: «Es un águila en los negocios», que se aplica a menudo a los empresarios y financieros audaces.

4. Tener la visión onírica de que un águila está volando majestuosamente puede indicar que el soñador está poniendo en movimiento los deseos y potencia psíquica de ambición y conquista. En el caso de que se vea un águila lanzándose contra quien tiene el sueño, puede significar que han de soltarse las ataduras inconscientes que impiden que la verdadera personalidad del durmiente se suelte y suba a lo más alto, cumpliendo su destino.

5. Experimentar angustia o miedo por la presencia de un águila (en sueños, por supuesto), puede simbolizar la parte que se teme de la propia personalidad y que puede perjudicar o destruir sus ansias de dominio y poder.

6. También puede referirse o representar la

potencia sexual que está naciendo en el soñador. Como explica Edgar Cayce, muchos adolescentes, en una etapa crítica de su existencia, sueñan que un águila les está picoteando el corazón, o sea, la zona donde está el timo, glándula situada detrás del esternón y que se atrofia en la época de la pubertad, cuando despiertan de la naturaleza humana fuertes impulsos de carácter sexual, ansias de amar y de ser amado.

 c. oc.: *Ser atacado por un águila:* Contratiempos, dificultades.

 Mujer soñando con un águila: Tendrá un hijo.

 Aguila sobre un edificio, estatua o montaña: Presagio de éxito, dinero, fama, poder...

 Aguila herida: Pérdidas, tristezas de amor, contratiempos.

 Aguila matando gansos: Victoria sobre el enemigo; superación de obstáculos. Homero cuenta en la *Odisea* cómo Penélope vio en sueños a un águila matando unos gansos a picotazos. El águila representaba a Ulises, y los gansos a los pretendientes que acosaban a Penélope. Recordemos que Ulises regresó al hogar y dio muerte a cuantos pretendían cortejar a su esposa en una feroz lucha.

 Desnidar aguiluchos: Peligro inminente. La historia nos cuenta que el rey Francisco I de Francia soñó que desnidaba un nido de águilas y que los aguiluchos los criaba luego en palacio. Tres meses más tarde era vencido en la Batalla de Pavía y llevado prisionero a Madrid por Carlos V.

AGUJA

psi. 1. Tiene un significado erótico-sexual. En muchos sueños simboliza el órgano viril masculino. Así, que una mujer sueñe que le clavan agujas puede significar que inconscientemente desea el acto carnal.
2. En otros sueños tiene un simbolismo referido a las pequeñas molestias y torturas de la vida cotidiana. Señala falta de armonía y sinsabores en lo referente a la situación general del sueño.
3. En casos especiales, visiones oníricas tenidas por hombres, puede ser que advierta de la existencia de una homosexualidad latente.

c. oc.: *Soñar con varias agujas sin hilo:* Anuncio de pequeños disgustos sentimentales.

Pinchazo de aguja: Peligro de embarazo.

Agujas de hacer calceta: Disgustos con mujeres o altercados que tienen por origen murmuraciones.

Soñar que se traga una aguja: Cuando no es simbólico del acto sexual, hay que interpretarlo como murmuraciones o calumnias que perjudican a uno/a.

Verse enhebrando una aguja: Asunto sentimental o matrimomial que llegará a buen puerto.

Varias agujas enhebradas: Se solucionarán asuntos pendientes o serán reconocidos los derechos propios. Habrá reparación a las injusticias que se hayan cometido con uno.

AGUJERO

psi. 1. Según el tamaño y el contexto general del

sueño, se refiere al órgano femenino o al orificio anal.

2. Ver en sueños un agujero en la pared puede ser el indicativo de los deseos inconscientes del que duerme por atravesar barreras impuestas por la moral, y del conocimiento de lo que hay al otro lado. Por lo general siempre se refiere al sexo.

    c. oc.: *Agujeros en puertas o paredes:* Peligros o enemigos que acechan.

AHOGADO

psi. 1. Ver a un niño ahogado puede indicar que en el soñador hay impulsos inconscientes agresivos hacia ese niño, al que le gustaría ver esfumarse de su entorno.

2. Si en la visión onírica que se tiene aparecen uno o más niños ahogados, es indicativo de que algún proyecto se «ha ido al agua» o corre peligro de «naufragar». Ilusiones que se derrumban o desaparecen.

3. Según Wilhelm Stekel, la mujer que sueña con un niño ahogado teme el fruto de sus relaciones sexuales ilícitas.

4. En algunos casos puede ser la evocación de pasados abortos o de temores sobre futuras interrupciones del embarazo, voluntarias o no. Hay que estudiar, para decidir con conocimiento de causa, el conjunto del sueño.

5. Verse uno mismo ahogado puede simbolizar los temores de fracaso personal en los asuntos que conforman su existencia.

    c. oc.: *Ver a uno o varios ahogados:* Posibilidad de algún tipo de herencia por fallecimiento de un familiar. Subida de escalafón o cargo por muerte de quien lo ocupaba con anterioridad.

Ver parientes ahogándose: Anuncio de pérdida de bienes familiares.

Niños salvados cuando se estaban ahogando: Mejora de los asuntos propios o negocios. Se saldrá del bache económico mejorando la actual situación.

Verse uno ahogado por otros: Peligro de pérdida de dinero por intrigas o traiciones.

Ahogar a alguien: Se tendrá que luchar con enemigos u opositores.

AHORCADO

psi. 1. Existencia de impulsos agresivos inconscientes hacia la persona que se ve ahorcada. Temores inconscientes de que a la persona ahorcada le ocurra algún percance.
2. Anuncio de que uno (cuando es el propio soñador quien se ve ahorcado) se halla en una situación de colgado, en que ni avanza ni retrocede en sus asuntos; que atraviesa un período de estancamiento.

c. oc.: *Ver a uno o más ahorcados:* Pérdida de bienes a causa de un pleito, traición de amigos o malversación de fondos.

Soñar que uno está ahorcado, pero vivo: Signo de elevación, de que se ascenderá dentro de la escala social.

Verse comiendo carne de un ahorcado: Se obtendrá lo que se ambiciona, pero por medios o procedimientos reprobables y vergonzosos.

Verse colgado en la tapia de una viña:

Según Thylbus, es presagio de que pronto habrá un cambio feliz y venturoso en la situación conflictiva que se está viviendo.

AHORRO

c. oc.: *Verse uno ahorrando dinero o grano:* La perseverancia te salvará de los peligros que vengan.

AHUYENTAR

psi. El ahuyentar a personas o animales es indicativo de que se rechazan impulsos del instinto, generalmente de origen sexual.

AIRE

psi. 1. El aire simboliza, principalmente, el espíritu, los pensamientos, la parte etérea y elevada del hombre. El aire de los sueños es tan necesario para la vida psíquica como lo es el del mundo real para seguir viviendo a través de la respiración. El estado del aire refleja, por tanto, el estado psíquico del soñador.
2. Soñar que se está rodeado de una atmósfera límpida, luminosa y beatífica, es indicativo de que el espíritu está tranquilo y la parte idealista de la persona se encuentra satisfecha.
3. Estar rodeado de niebla o aire viciado puede ser la constatación onírica de que uno no sabe demasiado a dónde va y que tropieza con dificultades anímicas en su caminar por la vida. Titubeos y confusión de orden moral. No se acierta a encontrar el

sendero que conduce a la luz y a un sitio tranquilo para vivir y respirar sin dificultades.

c. oc.: Artemidoro de Daldis (siglo II) indica que cuando el aire de los sueños es opaco y brumoso señala que existen dificultades, problemas y discordias.

Aire suave, perfumado y agradable: Anuncia buena salud, alegrías en el amor y fortuna o premios en los negocios o profesión.

Aire frío: Presagia desdichas o discusiones familiares.

Aire tempestuoso o violento: Se aproximan dificultades o una enfermedad.

Aire rojizo: Dificultades sociales o públicas en el lugar donde uno vive.

Aire neblinoso: Anuncio de perfidias y traiciones.

Aire maloliente: Se acercan pesares.

Aire cálido: El soñador no está actuando moralmente en sus asuntos.

AJEDREZ

psi. 1. Puede representar el planteamiento de competiciones por la afirmación de tendencias inconscientes y la lucha contra impulsos neuróticos por causa de la afirmación viril. Hay que estudiar el conjunto general del sueño.

c. oc.: *Verse jugando al ajedrez:* Hay dificultades en marcha o asuntos muy delicados.

Ganar una partida de ajedrez: Se superarán las dificultades; obtención de beneficios.

Perder una partida de ajedrez: Se aproximan disgustos y contratiempos.

Jugar con otra persona: Disputas próximas.

Otros jugando al ajedrez: La suerte de una situación conflictiva o problema dependerá de lo que hagan los demás. El asunto se ha escapado de las manos de uno.

AJENJO

c. oc.: *Verse bebiendo ajenjo:* Disputas familiares a la vista.

Botella de ajenjo en la casa: Penas a la vista.

AJO

c. oc.: Según Nostradamus percibir el olor de ajos durante un sueño es presagio de que se descubrirán secretos, de que uno se enterará de cosas ocultas y sorprendentes.

Cultivar ajos: Peligro de querellas o disputas.

Comer ajos: Acecha la enfermedad.

Dar ajos a los niños: Se alcanzará lo que se desea.

ALA

psi. 1. El volar con alas puede reflejar los deseos de escaparse de alguna situación que a uno no le satisface, o sortear algún obstáculo.

2. En algunos casos puede ser el simbolismo del acto de la erección sexual, de la excitación del

ánimo, como en el caso narrado por Angel Garma en que una joven soñó con *hombrecitos* (pene) *alados* (erección), que querían entrar en su *ventana* (genitales femeninos).

c. oc.: Según Nostradamus, soñar con alas de animales domésticos es señal de calma y de posibles noticias, mientras que soñar con alas de aves carnívoras es indicativo de que hay fuerzas que le preservan a uno de los peligros.

Volar con alas: Presagio de próxima elevación personal y que se alcanzará lo que uno desea.

ALABANZA

c. oc.: *Soñar que se reciben alabanzas:* Indica que alguien le traicionará a uno. Es cuestión de estar muy alerta.

Alabanzas a una mujer: Deseos que no se realizarán.

ALAMBIQUE

c. oc.: *Ver un alambique en sueños:* Proyecto que se realizará. Plan que llegará a feliz término.

ALAMEDA

c. oc.: *Pasearse por una alameda:* Pronto se tendrá un desahogo o descanso.

ALAMO

c. oc.: *Plantar uno o más álamos:* Se subirá rá-

pidamente, pero sin consistencia, sin cimientos duraderos.
Podar o mandar podar uno o más álamos: Aumento de fortuna o de beneficios.
Derribar álamos: Presagio de pérdidas de bienes y de ruina. Negocios que se vienen abajo.

ALARMA

psi. Cuando se ven alarmas luminosas en sueños o se escuchan alarmas sonoras (puede darse el caso de que uno despierte sobresaltado creyendo que la alarma suena en el propio dormitorio), es indicativo de que el inconsciente ha percibido algún peligro alrededor del sujeto, sea referente a su seguridad personal o que señale próximo accidente. También puede ser que esté advirtiendo al soñador que sigue un camino equivocado en la vida real y que se está labrando su propia ruina. Las alarmas en sueños pueden adoptar las muy diversas formas que de ellas ya existen en la vida cotidiana: luces rojas, sirenas, silbatos, avisos por radio o televisión...

c. oc.: *Verse uno dando la alarma:* Debe acelerarse la realización de los asuntos que se llevan entre manos.

Alarma de un incendio sonando en sueños: Advierte de malas noticias o contratiempos.

psi. Ver amanecer en sueños suele ser indicativo del nacimiento de nuevos proyectos e ilusiones; que se renace a nuevas alegrías dejando atrás una etapa poco favorable.

c. oc.: *Ver amanecer, asistir a la salida del sol:*

Fin de los problemas, tribulaciones o penas. Se avecina un período feliz.

ALBACEA

psi. Estar en tratos con un albacea puede representar que el soñador debe poner en orden sus asuntos familiares.

c. oc.: *Nombrar un albacea en sueños:* Se acercan acontecimientos importantes. Se recibirán beneficios o alegrías monetarias.

Verse uno nombrado albacea: Se tendrá vida larga; serán los demás familiares quienes vayan falleciendo. Pero también suele advertir de pérdida de la reputación.

Soñar que se está bajo la tutela de un albacea: Riesgo de ser víctima de un robo o estafa.

ALBAÑIL

psi. Ver a un albañil edificando es símbolo de que algo nuevo está en marcha dentro del soñador; que se están «edificando» nuevos proyectos, planes e ilusiones. En cierta forma es indicativo de que algo cambiará en la vida del durmiente.

c. oc.: *Verse trabajando de albañil:* Anuncio de que se emprenderá una obra y de que el éxito estará basado en los propios esfuerzos.

Ver a un albañil trabajando: Advierte de que vienen fatigas, disgustos o gastos excesivos.

ALBARICOQUE

psi. Como la mayoría de frutos, tiene un simbolismo sexual. Según el contexto del sueño puede representar las delicias del amor, los genitales masculinos...

c. oc.: *Ver albaricoques en el árbol:* Se aproximan placeres o alegrías.

Comer albaricoques gustosos y maduros: Inminencia de placeres y buenas noticias amorosas.

Comer albaricoques verdes: Anuncio de tristezas y disgustos.

Ver albaricoques podridos o un albaricoquero sin hojas ni frutos: Presagio de sinsabores, tribulaciones y miseria.

Verse recogiendo albaricoques: Mejorarán los asuntos profesionales y amorosos. Se recogerán frutos en las vida.

Ver albaricoques en conserva: Anuncia que se debe ser precavido y que se corre peligro de engaño o traición.

ALBERGUE

c. oc.: *Ver un albergue:* Se tendrá que hacer reposo o un período de recogimiento.

Verse descansando en un albergue: Hay que cuidar más la salud; existe peligro de enfermedad y de disgustos ocasionados por la misma.

ALBUM

psi. El ver un álbum familiar en sueños puede

señalar que debe hacerse balance del pasado, de que algunas cosas ya vividas pueden cobrar de nuevo cierta actualidad y, en algunos casos, puede evidenciar que se está prescindiendo de los ancestros y de que debe hacerse un examen de conciencia en la forma de actuar de uno con relación a la familia.

c. oc.: *Verse hojeando un álbum familiar:* Noticias o encuentros con antiguos amigos o conocidos.

ALCACHOFA

psi. En ocasiones simboliza el sexo femenino.
c. co.: *Ver muchas alcachofas:* Presagio de malas noticias.
Comer alcachofas en sueños: Disgustos próximos, dificultades a la vuelta de la esquina.

ALCALDE

psi. Simboliza la autoridad interior, el poder que gobierna nuestras fuerzas interiores y sus relaciones con la comunidad. Hay que estudiar detenidamente el contexto general del sueño para determinar con fidelidad lo que pretende indicarnos. En ocasiones representa al padre. (Véase el término Autoridad.)
c. oc.: *Ver un alcalde en funciones:* Peligro de verse uno desautorizado en su cargo.
Soñar con una alcaldía en funcionamiento: Presagio de que se obtendrán beneficios por la buena forma de conducir los negocios.

ALCANCIA

c. oc.: *Soñar con una alcancía o hucha con dinero:* Buenas noticias económicas.
Romperse una alcancía o hucha: Pérdida de dinero, de negocio o de empleo. Presagio de tiempos de penuria.

ALCANFOR

c. oc.: *Comprar alcanfor en sueños:* Riesgo de indisposición o de engaño por parte de alguna amistad.
Tomar alcanfor en sueños: Mejoramiento de la salud y de la situación económica. Posible herencia de un pariente lejano.
Tomando aguardiente alcanforado: Relaciones o boda por intereses.
Colocando alcanfor en la casa: Cambio de planes o proyectos, acompañados de disgustos o dificultades.

ALCANZAR

psi. Como indica Oliver Brachfeld, el soñar que se alcanza un vehículo (tren, autobús, tranvía, diligencia...), señala que el durmiente está dispuesto a posesionarse de aquello que ambiciona; que está decidido a acometer un proyecto o empresa, que en su vida hay algo nuevo en marcha. En ocasiones, es un símbolo de superación de sentimientos de inferioridad, que suelen manifestarse con la pérdida del tren, autobús, etc. (Véanse estos términos.)

ALCOBA

psi. 1. Simbolismo sexual y de la intimidad. Freud indica que representa a la femeneidad y, en particular, a la matriz. Suele ir unido a otro simbolismo muy corriente, el de la *cama* (V. este término). Una mujer que vea en sueños cómo deja entrar un hombre en su alcoba suele ser indicativo de que, inconscientemente, está deseando tener un trato más íntimo con él.
2. Cuando una mujer sueña que entran ladrones en su alcoba es que desea el acto sexual pero teme consecuencias morales de su decisión. El sueño señala que desea que «la asalten y roben su amor».

c. oc.: *Ver la alcoba cerrada:* Secreto o misterio que es peligroso profundizar.

Estar solo en una alcoba: Paz, sosiego, soledad.

Estar en una alcoba con compañía del mismo sexo: Avenencia, acuerdo, arreglo.

Estar en una alcoba con compañía del sexo contrario: Es anuncio de dificultades, de falta de armonía o de entendimiento.

ALDEA

psi. Ver una aldea o pueblo en sueños puede indicar deseos o tendencias relacionadas con el pasado o el presente, si se vive o se ha vivido en ella. Puede ser un símbolo de añoranza por la vida pretérita o una representación de la nostalgia por la naturaleza para el que vive en la capital lejos del campo.
2. La mayoría de las veces, sin embargo, refleja la personalidad del soñador, que puede consi-

derarse estructurada como una aldea. Cuando la aldea de los sueños está formada por casitas muy juntas, señala que el individuo tiene un fuerte sentido social y de comunicación, que le atrae estar junto a los demás. En cambio, si las casas están aisladas es indicativo de que la persona es muy «suya», egoísta, que mira mucho para sí y rehúye el contacto con los demás. El soñar que se marcha a una aldea, sea a pie o a bordo de cualquier vehículo, acostumbra a evidenciar que uno está explorando su personalidad, que busca respuestas a su proceder y problemas.
 3. El tiempo que haga en la aldea: soleado, nublado, tormentoso, etc., es indicativo del estado de ánimo del soñador y de su situación interior a nivel anímico.
 c. oc.: *Atravesar una aldea en sueños:* Herencia, legados.
 Habitar una aldea en sueños: Buenas noticias, calma, paz.
 Ver una aldea delante de uno: Malas noticias para el cargo o dignidad.
 Aldea en ruinas: Complicaciones judiciales y financieras.
 Aldea incendiada: Problemas a causa de pasiones.

ALEGRIA

 psi. Estar alegre en sueños acostumbra a relacionarse con los de querer pasarlo bien y de gozar de las alegrías de la vida, particularmente de los placeres del amor. Hay que estudiar el conjunto del sueño y las personas y lugares en que el soñador se encuentra alegre: fiesta, discoteca, baile, etc.

c. oc.: *Estar alegre en sueños cuando uno tiene problemas o penas en la vida cotidiana:* Mejorarán las dificultades y los conflictos.

Estar alegre en sueños cuando ya se lo pasa bien en estado de vigilia: Advierte de malas noticias o conflictos por exceso de diversiones y por haber abandonado las responsabilidades y obligaciones.

Mujer que se ve alegre en sueños: Compromiso sentimental o boda a la vista.

ALEJARSE

psi. 1. Alejarse uno mismo, en sueños, hacia una carretera, prado o montaña lejana, es signo de que algo nuevo está en marcha en el propio interior; que se desean cambios o simplemente alejarse de su situación personal.

2. Ver a otra persona que se aleja simboliza el temor a perderla, a separarse de ella.

ALFABETO

c. oc.: *Verse escribiendo el alfabeto:* Noticias inesperadas de tipo positivo.

Intentar leer un alfabeto extraño o extranjero: Un misterio o secreto en vías de solución.

ALFALFA

c. oc.: *Hombre soñando con alfalfa:* Conocerá una chica.

Mujer soñando con alfalfa: Ambición modesta que será satisfecha.

ALFARERO

psi. El alfarero de los sueños es un símbolo ancestral que está relacionado con la tradición de que el hombre fue formado a base de barro por el Creador, el divino alfarero. El que se ve en sueños haciendo de alfarero significa que se está formando a sí mismo, que se halla en un período importante de su evolución psíquica, del crecimiento de su personalidad.

ALFILER

psi. Simbolismo sexual. (Véase aguja.)
c. oc.: *Muchos alfileres:* Preocupaciones o pequeñas dificultades.
Hombre soñando con alfileres negros: Problemas con la justicia o la administración.
Alfileres torcidos: Malversación de fondos ajenos.
Mujer soñando con alfileres torcidos: Riña con el enamorado o marido.

ALFOMBRA

psi. Hay que estudiar la forma, estado y lugar en que se encuentra. Suele estar relacionada con la vida hogareña, familiar y matrimonial de la persona.
c. oc.: *Cambiar una alfombra vieja por una de nueva:* Insatisfacción amorosa, ruptura matrimonial.

Sacudiendo una alfombra: Cambio en la suerte.

Ver una alfombra doblada: Problemas imprevistos o retraso en los planes.

Alfombras propias dobladas sin saber quién lo ha hecho: Se acercan inconvenientes y molestias.

Tener una alfombra plegada sobre los hombros: Cambio de domicilio o de trabajo.

Comprar una alfombra: Solución a un misterio.

Alfombra propia quemada o robada: Contratiempos en un próximo viaje.

Verse extendiendo una alfombra larga, ancha y gruesa: Prosperidad, alegrías y larga vida.

ALFORJA

c. oc.: *Llena de piedras:* Impedimentos en los proyectos que se tienen en marcha.

Llena de objetos: Posibilidad de arreglo o negociación.

ALGAS

c. oc.: *Algas en el agua:* Viaje por mar o noticias del extranjero. Evitad a los prestamistas por un tiempo.

ALGARROBA

c. oc.: *Muchas algarrobas:* Ilusiones que no se cumplirán.

Recogiendo algarrobas: Buen momento para tratar en caballos o ganado.

ALGODON

c. oc.: *Algodón en rama:* Hay que vigilar la salud; riesgo de enfermedad o indisposición.
Cultivar algodón: Tu trabajo no será fácil y los beneficios te costarán sudores.
Expendiendo balas de algodón: Aumento de los recursos monetarios.

ALGUACIL

c. oc.: Otro símbolo de la autoridad interior, del padre, del consejero.
c. oc.: *Si se presenta ante uno:* Los enemigos acechan.
Un alguacil deteniendo al soñador: Acusaciones de los enemigos, en marcha.

ALHAJA

psi. (Véase Joya.)
c. co.: *Ver alhajas finas:* Disgustos y problemas.
Ver alhajas falsas: Cuidado con los consejos engañosos; alguien le aconsejará mal.

ALIENTO

c. oc.: *Sentir el aliento suave de otra persona:* Buenas noticias o encuentro agradable.
Sentir un aliento fuerte y desagradable: Malas noticias.

Niños que despiden mal aliento: Muerte de una amistad.

Perder el aliento durante un esfuerzo o corriendo: Vienen inquietudes y angustias.

ALIMENTAR

c. oc.: *Alimentando a niños:* Buena suerte en los negocios; ganancias y beneficios.

Alimentando animales: Anuncio de que mejorarán los asuntos personales.

Otras personas alimentando niños: Hay que estar alerta contra engaños y traiciones.

Otras personas alimentando animales: Alguien tratará de perjudicar; conspiraciones en marcha.

ALIMENTO

c. oc.: *Sazonando alimentos:* Hay que intentar ser sobrio.

Ofreciendo alimentos: Alegrías, buenas noticias.

Alimentos en descomposición: Pérdida de dinero.

Probando alimentos: Pérdida de alguna amistad.

Tomando alimentos amargos: Vienen disgustos y sinsabores.

Tomando alimentos de sabor muy fuerte: Una indisposición requerirá una dieta frugal.

Alimentos que no se pueden tomar: Peligro de enfermedad por no hacer una dieta adecuada.

Alimentos que se ingieren después de una enfermedad: Restablecimiento de la salud.

Alimentos muy calientes: Nerviosismos, tensiones y problemas.

Tomando alimentos con glotonería: Precaución con el negocio o profesión, las cosas no marchan como debieran.

Escupiendo o vomitando alimentos desagradables: Pesares y dificultades que serán superadas.

ALJIBE

psi. El aljibe o cisterna, como la mayor parte de recipientes, representa los genitales femeninos.

ALMACEN

psi. El almacén de los sueños representa la disposición y el orden en que tenemos distribuidos y clasificados nuestros valores, conocimientos y virtudes. Un almacén lleno y bien organizado es índice de que el soñador cuenta con cualidades y fuerza para enfrentarse al futuro, a la vez que demuestra que es ordenado, meticuloso, prevenido y calculador. En cambio, un almacén en desorden, vacío, o lleno a medias, advierte al durmiente de que está descuidando la adquisición de conocimientos, que no se preocupa de poner en orden sus fuerzas interiores y que, consecuentemente, tendrá problemas en el futuro. Puede relacionarse con la famosa fábula de «la cigarra y la hormiga».

c. oc.: *Soñar con un almacén lleno:* Prosperidad, riqueza, beneficios.

Soñar con un almacén vacío: Pérdidas, pobreza, escasez.

Soñar con un almacén oscuro: Tristeza, pesadumbre.

Rayos de sol entrando en un almacén: Pronto mejorarán las cosas.

ALMACENES (Grandes)

psi. Los grandes almacenes comerciales representan el ajetreo de la existencia y todas las cosas que se pueden obtener para pasarlo bien o que uno necesita. Generalmente se entra a comprar, por lo que se debe analizar lo que se adquiere o rechaza en ellos para interpretar el conjunto del sueño. Puede simbolizar, incluso, las relaciones amorosas.

(Véase tienda.)

ALMADIA

psi. Tener una visión onírica cruzando o navegando por un río a bordo de una almadía (o armadía) indica que uno sigue adelante con sus proyectos y destino, que está en un momento crítico de nuevas realizaciones y que se halla sorteando obstáculos, sobre todo si lo que hace es cruzar hacia la otra orilla. Si la almadía es la clásica canoa hindú, entonces puede tener un símbolo sexual femenino, como todas las canoas.

c. oc.: *Almadía cargada de carbón:* Noticias sobre herencia o bienes.

Almadía cargada de leña: Fallecimiento de una amistad o conocido.

ALMANAQUE

psi. Como en la propia vida, el almanaque o calendario de los sueños está para recordarnos alguna fecha o hecho pasado, presente o futuro. Hay que estudiar las fechas y números que aparezcan en el sueño y el conjunto del mismo.

c. oc.: *Soñar que se compra un almanaque:* Rencillas o disputas.

Ver el almanaque del año corriente: Hay que cambiar de conducta.

Ver el almanaque del año próximo: Advierte que deben hacerse economías para las dificultades que vienen.

Ver almanaques de años anteriores: Hay que procurar no reincidir en los errores del pasado.

Consultando un almanaque: Deudas difíciles de cobrar; preocupaciones monetarias.

ALMENDRA

c. oc.: *Comprando almendras:* Se vencerá a los enemigos.

Comiendo almendras: Ganancias, beneficios, alegrías y goces amorosos.

Dando almendras a otra persona: Problemas u obstáculos inesperados que se superarán.

Almendras de mal sabor: Amarguras, dificultades.

Almendras difíciles de cascar: Las dificultades o problemas tardarán en solventarse. Hay que seguir luchando en busca de las soluciones.

ALMENDRO

c. oc.: *Ver un almendro cubierto de hojas:* Bienestar moderado.

Ver un almendro cargado de flores o de frutas: Riqueza, fortuna, beneficios cuantiosos.

ALMIRANTE

psi. Ser o ver un almirante dando órdenes o dirigiendo una flota está relacionado con la manera de enfrentarse a los problemas de la vida, o a la forma de acometer cualquier empresa. Es una figura representativa de nuestra fuerza de acción y responsabilidades. Hay que analizar el sueño con minuciosidad, en todos sus detalles, para saber si la advertencia es positiva o denuncia algún peligro dada la forma de actuar del soñador.

c. oc.: *Soñar con un almirante:* Se alcanzará el honor o un cargo gracias a los propios merecimientos.

Soñar que se es almirante: Se obtendrá el empleo apetecido. Disputas en amores por exceso de autoridad.

Mujer soñando que es la esposa de un almirante: Dificultades y obstáculos.

ALMOHADA

psi. Simbolismo de índole sexual que suele estar conectado con la alcoba, dormitorio, cama, etc. El conjunto del sueño indica el problema o los deseos sentimentales del soñador.

c. oc.: *Almohada en la cama:* Trabajos y can-

sancio; no hay que descuidar la salud ni el reposo.
Almohadón de terciopelo: Cuidado con dejarse dominar por las ambiciones y sueños de grandeza.

ALMOHAZA

c. oc.: Ver en sueños este instrumento de puntas romas y menudas que sirve para limpiar las caballerías suele ser una advertencia de peligro o contratiempos porque uno está haciendo lo que no debiera, generalmente asociándose con personas de poca moral.

ALMUERZO

psi. El almorzar, solo o en compañía, en casa o en un restaurante u otro lugar, es indicativo de los deseos que existen en el durmiente de querer pasárselo bien, de gozar de los placeres de la vida, del amor y de las necesidades de vida activa y pública. (Véase, alimento, comida, fiesta, merienda.)
c. oc.: *Almorzar en un sitio público:* Aviso de que se está gastando más de lo debido, de que las amistades le están robando el tiempo y la energía.
Almorzando en casa: Se recobrará la posición y el bienestar. Objetos robados que serán devueltos.
Almorzando solo/a: El egoísmo causará sinsabores.
Almorzando con parientes: Se llegará a una entente con relación a los problemas planteados.
Mujer soñando que almuerza con hombres: Pasiones engañosas de los sentidos.

Almorzando en el campo: Ganancias y alegrías.

Almorzando a bordo de un buque: Anuncio de un período de bienestar y alegría.

ALONDRA

c. oc.: *Alondras volando:* Buenas noticias; se cumplirán las ambiciones.
Alondra volando en solitario: Noticias desagradables para la familia.
Alondra herida: Esperanzas fallidas.

ALPARGATA

c. oc.: *Soñar que se anda con alpargatas cuando no se usan en la realidad:* Facilidades para solventar problemas pendientes.

ALPINISTA

psi. Ver un alpinista en sueños o soñar que uno está haciendo alpinismo suele estar conectado con las dificultades y obstáculos que uno encuentra en la vida cotidiana. Si la escalada a la montaña se realiza con éxito es indicativo de que se poseen fuerzas para superar los obstáculos que se nos plantean. En caso de que el ascenso no sea exitoso, señala que tal o cual proyecto corre peligro de inminente fracaso.

c. oc.: *Alpinista subiendo una montaña:* Anuncio de salud y alegría.

Alpinista descendiendo por una montaña: Serán superados los problemas.
Alpinista despeñándose: Tribulaciones y fracasos.
Hablando con un alpinista: Se acercan buenas noticias.

ALQUITRAN

psi. Las manchas de alquitrán están conectadas con hechos o faltas desagradables desde el punto de vista de la moral. Hay que analizar el conjunto del sueño y extraer las consecuencias pertienentes.
c. oc.: *Soñar que se está cubierto de alquitrán:* Advierte al soñador de que no se está portando como debiera por cuya razón sufrirá contratiempos.
Enfermo que sueña que se está alquitranando un camino: Sanará.

ALTAR

psi. 1. Según las circunstancias, el altar en sueños se vincula con la santificación del acto sexual, del matrimonio, de los ideales, tendencias del espíritu del soñador, etc.
2. Es uno más de los símbolos de la femeneidad. Una mujer que sueñe que se halla delante de un altar, contrayendo matrimonio con alguien que no conoce, es indicativo de los deseos amorosos que están naciendo en ella y que tienen necesidad de manifestarse.
3. Es, al mismo tiempo, símbolo del misticismo y de lo religioso. Una persona que ve en sueños

cómo se apagan las velas de un altar o que el mismo está abandonado, es significativo de que sus creencias religiosas están atravesando un período de crisis; que está perdiendo la fe.

 c. oc.: *Altar con velas encendidas:* Buenas noticias, alegrías y arreglos positivos.
 Altar derribado: Unión que se rompe, pesares.
 Levantar un altar: Acontecimientos felices; algún familiar se hará religioso; triunfo sobre los enemigos.
 Soñar que se está recostado o sentado en el ara del altar: Si es un hombre anuncia éxito en su carrera pública. Si se trata de una mujer, apasionadamente amoroso.
 Arrodillándose ante un altar: Deseos que cristalizarán.
 Altar engalanado: Anuncio de un próximo viaje.
 Alguien rezando frente un altar: Una persona se arrepentirá de sus malas acciones.

ALTERCADO

 psi. Un altercado en sueños es indicativo de que hay falta de armonía en las fuerzas interiores; que existe un conflicto a nivel de inconsciente. Por lo general, simboliza la lucha entre las tendencias naturales del ser humano y los frenos de la moral y educación recibidas. Hay que estudiar con detenimiento cuantos elementos intervienen en el sueño para determinar en qué parcela del individuo existe falta de armonía o se produce el enfrentamiento. Por lo común acostumbra a tener un trasfondo sexual.

c. oc.: *Altercado con una amistad:* El orgullo personal quedará mal parado.

Altercado con parientes: No te fíes de los vecinos ni colegas.

Altercado entre desconocidos: Alguien te está calumniando.

Altercado con la persona amada: Se acercan apasionamientos amorosos; exaltaciones sentimentales.

ALUBIAS

c.oc.: *Cogiendo alubias:* Buenos momentos sentimentales.

Comiendo alubias: Hay críticas y murmuraciones en contra.

ALUD

psi.: Temores inconscientes de que se derrumben los proyectos o negocios que uno tiene en marcha. Hay que hacer un autoanálisis de aquellos que se están realizando, ya que es indicativo de que algo no funciona bien.

AMIGO

psi. 1. Los amigos de las visiones oníricas son, a menudo, proyecciones y tendencias de uno mismo.

2. Como ayudas o amigos interiores que señalan el camino a seguir. Muchas veces representa al propio soñador, en el sentido de hermano, doble...

En el caso de soñar que se lucha con un amigo puede ser indicativo de que hay algún conflicto interior por falta de adaptación social.

AMPUTACION

psi. 1. Soñar que uno sufre amputación de manos, brazos, piernas o pies, señala que algo no funciona bien en el durmiente; que su personalidad inconsciente sufre algún trauma provocado por frustraciones o temores generados en la problemática de la vida real. Como en tantas ocasiones precedentes hay que estudiar detenidamente el conjunto del sueño para averiguar el estricto sentido de la amputación.
2. El hecho de que alguien sueñe que tiene cortadas las manos o los brazos, puede evidenciar que una fuerza interior (complejo, represión, alteración psíquica, etc.) está impidiendo al durmiente que pueda realizar una actividad normal.
3. En las mujeres, el soñar con un miembro amputado, suele representar la separación del objeto de su amor, de la persona querida.

ANGEL

psi. Tiene siempre un simbolismo sobrenatural. Se suele soñar con ángeles cuando la persona está buscando soluciones a sus problemas, cuando se lucha contra tendencias materialistas, cuando se ansía el «milagro» que saque a uno de las dificultades... Es un buen presagio ver ángeles en sueños puesto que es indicativo de que se poseen energías e ideales para salir adelante.

ANIMALES

psi. 1. Suelen representar los diversos instintos o rasgos de los sentimientos, emociones y estado de ánimos que nos embargan, en distintos momentos de la vida cotidiana y en relación con las personas que nos rodean. Estas tendencias instintivas pueden ser salvajes o civilizadas, rebeldes o controladas. Para ello, para investigar las visiones oníricas en que aparecen animales, debe estudiarse el conjunto del sueño y el comportamiento y aspecto del animal o animales que aparezcan en el mismo. Los irracionales de los sueños pueden ser reales o fantásticos, mitológicos, normales o monstruosos. (Véanse los diversos términos de este diccionario y la guía que facilitamos seguidamente.)

2. Los animales que suelen representar el *principio masculino* y la *imagen paterna* son: Fieras (como el león, el tigre, etc.), caballos, reptiles, toros, serpientes y peces.

3. Los animales que acostumbran a simbolizar el *principio femenino* y la *imagen materna* son: Vaca, cabra, animales domésticos, gacela, caballo blanco, cisne, ballena, liebre, conchas de moluscos, caracoles, araña, animales carniceros como el buitre y el chacal y algunos marinos (en algún caso la serpiente de mar).

4. Los animales que acostumbran a representar los instintos incontrolados y pasiones avasalladoras son: bestias salvajes y fieras, animales monstruosos, lobo, tigre, buitre, águila y otros depredadores.

5. Los que suelen simbolizar los instintos sexuales y eróticos son: animales asquerosos o repug-

nantes, monstruosos, serpientes, peces, reptiles, toro, caballo, fieras, dragones, sapos y cerdos.

6. Simbolizan los instintos espirituales: cordero, liebre, aves, perro pastor, perro de San Bernardo...

7. Aquellos que respresentan la energía psíquica son: animales que viven en el agua, mares, pantanos, lagos, etc., sobre todo el delfín.

8. Los que suelen tener un simbolismo fálico son: toro, pata de caballo, macho cabrío, serpiente, lagarto, cocodrilo, trompa de elefante, gallo, rana, rata, ratón, paloma y pichón, cisne, escarabajo, alondra, golondrina y otros pájaros. (Véase el término pájaro), pico de cigüeña...

c. oc.: Arnau de Vilanova es de la opinión de que los animales representan a nuestros enemigos y que aparecen en sueños bajo la forma de un dragón, lobo, serpiente, zorro o perro, según la calidad del sujeto que tiene animadversión hacia uno.

Artemidoro de Efeso, en su *Oneirocrítica*, ofrece los siguientes significados ocultistas:

Soñar que se pescan grandes peces: Se ontendrán ganancias.

Soñar con un elefante: Peligro.

Con un lobo: Los que te odian.

Gatos: Adulterio y bajas pasiones.

Zorro o monos: Acechan malhechores.

Peces muertos: Pérdida de esperanzas o ilusiones muertas.

Pájaros grandes y bellos: Buenas noticias.

ARAÑA

psi. 1. Soñar con este artrópodo articulado puede ser la evidencia de que existen en el durmiente excitaciones cerebrales.
2. Lo mismo que en estado de vigilia, las arañas de las visiones oníricas causan miedo, pero no siempre simbolizan cosas malas. Por una parte, ver en sueños cómo un arácnido envuelve a su presa entre los hilos de su red acostumbra a significar todo aquello que «haga», «atrapa», «aprisiona», «ata» o «inmoviliza» la personalidad del soñador (un padre tiránico, una madre dominante, una mujer celosa, los temores inconscientes a la femeneidad). Por otro lado, ver cómo una araña está elaborando pacientemente su tela, es indicativo de que las energías psíquicas del sujeto se van organizando de manera inteligente y astuta para enfrentarse a un problema determinado.
3. En otras ocasiones representa los genitales femeninos.

ASCENDER (Subir)

psi. 1. La sensación de ascender o subir, de elevarse, está casi siempre asociada con la grandeza o el poder que se desea o admira. El hecho de subir simboliza que existe en el soñador cierta fuerza y espiritualidad, que en los sueños suele presentarse junto con mucha luz, en un entorno resplandeciente y diáfano.
2. La idea de ascender o subir está conectada con los instintos más primitivos del ser humano. Des-

de siempre, el hombre ha situado *en lo alto* a todo lo grande, sublime, luminoso y resplandeciente. En lo alto ha situado a Dios, al Cielo, etc. Como contrapartida, el inconsciente crea *sueños compensatorios:* dado que la persona se siente *inferior,* trata en sus visiones oníricas de convertirse en *superior;* trata de ascender. En cierto modo podría interpretarse como una «venganza» inconsciente.

Ejemplo de un sueño de esta índole es el que relata el psicólogo Pierre Real: «Me encontraba en la cumbre de una alta montaña, desde la cual, dominaba con los ojos un valle en el que se hacinaban multitud de esclavos. Me decía a mí mismo: *Todo esto será para mí si consigo subir un poco más arriba.* Noté cómo me iba elevando en el aire. Llevaba en mi mano una espada con la que cortaba todo aquello que se ponía a mi alcance...».

ASCENSOR

psi. 1. En sueños, el ascensor representa los elementos externos que ayudan a subir en el escalafón social o profesional (amigos, influencias, créditos, financieros, familiares ya encumbrados, etc.). Pero también posee otros significados, de acuerdo con la apreciación general de la visión onírica. Así, como se trata de un vehículo que sirve para «subir» o «bajar», puede simbolizar el espíritu, el «ascenso» hacia algo más elevado o el «descenso» hacia las profundidades del inconsciente. Asimismo, puede ser indicativo de las altas ambiciones de encumbramiento y mando que duermen en el interior del sujeto o de los esfuerzos que realiza para entenderse con los demás.

Veamos el caso de una persona que soñó *caer por el hueco de un ascensor:* «Soñé que abría la puerta de la caja del ascensor, que éste no se hallaba en su lugar, y que me caía al vacío. Me desperté sobresaltado. ¿Indica algún peligro o enfermedad este sueño?». Este era el texto que nos remitió el consultante. He aquí la respuesta que en su día le ofrecimos: *En absoluto. No se trata de un sueño premonitorio que señale desgracia alguna. Está relacionado con los temores inconscientes de caer de un determinado puesto de responsabilidad en el escalafón profesional.* Cabe añadir, como ampliación a la respuesta que dimos al que nos envió este sueño, que tal visión onírica suele ser muy común a aquellas personas que ocupan cargos de responsabilidad extrema.

2. Otras veces, el ascensor (como vehículo que asciende y desciende), tiene un significado sexual, que se relaciona con la euforia que suele acompañar las relaciones amorosas. Tenemos como ejemplo el sueño tenido por una mujer, que explica Angel Garma (médico y psicólogo): «Subía con mi esposo en un ascensor. Un cartel indicaba: *Cuidado con la pintura,* por lo cual, no nos recostábamos en las paredes. Pero mi marido, gastándome una broma, me empuja contra la pared. Yo me enfadé porque me había ensuciado el vestido». Esta subida de ascensor representa el acto sexual y el: *cuidado con la pintura,* es una clara advertencia de que se desean tomar precauciones para evitar el posible embarazo; la mancha del vestido señala que el marido no ha tomado esas precauciones y se produce la fecundación. El vestido, por tanto, representa a la hembra; y la mancha, sus genitales.

ASESINATO

psi. Asesinar a una persona en sueños refleja los deseos inconscientes de querer finalizar una etapa de la propia existencia, de concluir con algo que no se quiere continuar. A veces se sueña que uno se mata a sí mismo. Cuando uno da un giro al rumbo de su vida, cuando rompe con algo y decide iniciar una nueva existencia, tiene su lógica soñar que asesina a alguien o que un desconocido le mata a él. Son sueños que reflejan el susodicho cambio, sin anuncio de desgracias o tragedias.

ATAUD

psi. 1. Es una visión onírica muy corriente en aquellos que inconscientemente se despiden de algo que han superado en su existencia, que consideran que ya no tienen ningún valor para ellos. El otro yo suele indicar, en esos casos, «entiérralo y a otra cosa». Por supuesto, la mayoría de esas visiones están relacionadas con el afecto y los sentimientos. Se entierra una cosa vieja, muerta, y se prepara uno para nuevos aconteceres y propósitos. No hay que olvidar que a la muerte, en sueños, sigue una resurrección; el enfrentarse con una vida y situaciones nuevas. El ataúd permite «enterrar», es decir, deshacerse de las cosas que estorban a nivel inconsciente.

2. Soñar que se entierra «algo» en un *ataúd blanco* es indicativo de que se pierde o inhuma alguna ilusión relacionada con la pureza, la virginidad, la justicia..., que puede ser material o de pensamiento, o sea, que puede haberse perdido a causa de admitir

ideas «inmorales» o de haber sucumbido ante ellas tras convertirlas en actos fehacientes. Son sueños comunes en jovencitas que se abren a la vida sexual activa.

  3. En otras ocasiones, el ataúd señala peligro para alguien. Hace poco tiempo, un compañero en las tareas radiofónicas de Radio Nacional de España en Barcelona, soñó que entraba en un establecimiento y compraba un ataúd, con el que salía bajo el brazo. Falleció, repentinamente, un día después. El inconsciente le señalaba que su salud no era buena y que corría peligro de muerte.

  4. (Véase el término Lago; sueño del *lago tenebroso*.)

AUTOBUS (Autocar)

  psi. Suele expresar el destino colectivo, la comunidad y la posición del soñador dentro de la misma. El autobús y el autocar representan, también, a la sociedad. Una persona que se ve en sueños dirigiendo un autobús, simboliza que posee fuertes ambiciones, que quiere dirigir a los demás, y ocupar un cargo social de responsabilidad. El sujeto que sueña que pierde el autobús, significa que no acaba de encontrar su puesto en la sociedad y que sus proyectos no arriban a feliz término.

AUTOMOVIL

  psi. 1. En la mayoría de ocasiones, el automóvil de los sueños está conectado al curso de la propia existencia, con el *destino individual* o compartido con varias personas, de manera parecida a como el tren, el autobús, el autocar, el tranvía, etc., simbolizan nuestro destino dentro de la colectividad. Por supuesto, se trate del automóvil o de otro vehículo, este tipo de sueños señala un cambio psíquico en el soñador, un viaje hacia otros horizontes interiores, hacia nuevas relaciones sociales... Hechos estos que tal vez permanezcan aún inconscientes en el propio sujeto.

2. En términos generales, el automóvil de las visiones oníricas representa el «yo» del soñador, sus aspectos profundos, sus éxitos y dificultades. Por ello es importante analizar minuciosamente las peculiaridades de todo el sueño. Por ejemplo, el sueño demostrará si el sujeto conduce bien o mal su coche (indicativo del modo que tiene de hacerse cargo de sus responsabilidades y de cómo respeta los derechos de los demás); las incidencias técnicas, como el encontrarse sin combustible a mitad de camino (lo que evidencia que carece de recursos o fuerzas interiores necesarias para continuar su trayecto, sus proyectos), el equivocarse de carretera (simboliza el que uno no viaja por el «buen camino»), etc., se refieren a las incidencias que el propio individuo aspecta en su vida cotidiana.

3. El automóvil se manifiesta con frecuencia en las visiones oníricas de contenido erótico. Tiene un simbolismo de logro personal, de agresividad sexual. En términos acuñados por Freud, el coche es el falo por su aspecto externo pero, interiormente, es más parecido al útero, al órgano femenino. Pero los sueños de cariz erótico en los que intervienen automóviles, pueden tener significados diversos. Por ejemplo, el coito o las relaciones o caricias sexuales

en el asiento posterior del vehículo, pueden revelar que el durmiente está reviviendo la inseguridad que experimentó al realizar el acto amoroso por primera vez. Puede señalar, también, incerteza en la propia capacidad a la hora de consumar la relación carnal y, asimismo, el temor de que su inseguridad trascienda hasta los demás.

Esa tendencia a realizar el sexo en el asiento posterior puede, en otros casos, reflejar la falta de pericia en cuestiones amorosas, evidenciando que el sujeto no se atreve a la realización en la parte delantera que es, realmente, donde se conduce la vida afectiva. Esa ansiedad puede tener su génesis en la timidez, falta de experiencia, eyaculación precoz u otros fenómenos psíquicos que genera la interpretación del sexo.

4. También se da el caso de que el automóvil en sueños pueda referirse a problemas relacionados con la potencia sexual del soñador; como en el caso de aquel sujeto que soñó con un automóvil que tenía las piezas encima del banco de trabajo y su techo convertible a medio elevar.

AVE (Pájaro)

psi. 1. De igual forma que en la vida cotidiana existen (según las tradiciones populares) *aves de buen o mal agüero,* también en los sueños se da dicha dualidad con un sinfín de matices —sean sueños psicológicos o premonitorios—, según la clase y especie de ave y de acuerdo con el contexto general del sueño. Según su color, plumaje, belleza, rapidez, ferocidad, tamaño, etc., tiene uno u otro significado. En líneas

95

generales, las aves reflejan ideas, deseos, esperanzas y conflictos, inconscientes, del soñador; salvo en aquellos casos que forman parte de visiones premonitorias o proféticas, es decir, que anuncian algo que va a suceder.

2. Soñar con un pájaro que revolotea en una habitación o recinto cerrado simboliza los deseos inconscientes reprimidos, aquellos que no encuentran vías de realización, los que dan la imagen de estar encerrados en una cárcel sin rejas, invisible. El pájaro vuela y vuela buscando una abertura por la que escapar. Esta clase de visiones señalan que el durmiente se halla sometido a un conflicto profundo, un dilema interno del que intenta escapar por el medio que sea. Suelen tener estos sueños aquellas personas que viven inmersas en un ambiente familiar que coharta por completo su libertad.

3. Ver en sueños pájaros diminutos y delicados puede referirse a las ternuras amorosas, los arrulos sentimentales, los ensueños, las caricias, los besos, y toda la gama de acciones que se relacionan con la sexualidad general y los deseos personales de protagonismo. Bueno es recordar la famosa frase de: «tienes la cabeza llena de pájaros», para simbolizar los ensueños o deseos irrealizables. Ello indica una tendencia a vivir más con la fantasía que con la realidad. No olvidemos que los pájaros se mueven en el aire aunque de vez en cuando pongan las patas en el suelo.

4. Las diversas aves tienen distintos y especiales significados psicológicos: *cuervo* (el alma, la sabiduría), *águila* (elevación de pensamiento, deseos de encumbramiento), *buitre* (tendencias neuróticas o destructoras), aves grandes y siniestras (tendencias psí-

quicas destructoras o muy agresivas), *paloma* (paz, espiritualidad).

5. Aunque en ciertos sueños, las aves pueden representar los deseos reprimidos de libertad y de elevación espiritual, en otros suelen tener un simbolismo fálico. Para Freud, soñar con pájaros o que se vuela, es un deseo ardiente de ser apto para la realización carnal.

B

BAILE

psi. Los bailes, en sueños, suelen simbolizar la expresión de la vida instintiva y de los placeres amorosos. Son representativos, muchísimas veces, del acto sexual. El participar en bailes colectivos populares puede señalar que el sujeto padece algún conflicto de adaptación a su entorno, que algo falla en sus relaciones sociales. Tener dificultades en un baile puede simbolizar, asimismo, problemas reales de integración en la vida amorosa. Bailar mejor de lo que uno había imaginado puede indicar que se irán superando las inhibiciones o dificultades de tipo sexual. Al respecto, el doctor Otaola narra el siguiente sueño: «En una fiesta donde me hallaba reunido con mis compañeros de la universidad, yo, estaba bailando. Para mis adentros me decía que bastante mal, sin embargo, los demás compañeros interrumpieron su danza para contemplar lo bien que yo lo hacía. Quedé estupefacto». Es un sueño que refleja netamente la reafirmación viril del sujeto.

BALCON

psi. 1. En su simbolismo sexual puede escenificar el pecho, los genitales femeninos. Angel Garma relata este sueño tenido por una mujer: «Mi hija había salido al balcón y se quedó electrizada ante un anuncio luminoso». Por las explicaciones de la sujeto, el anuncio era vertical e iluminado, idéntico al que contemplara en estado de vigilia, desde el balcón de la casa de un hermano suyo. Por supuesto, el anuncio era un simbolismo fálico, y el balcón del hermano representaba vivencias genitales infantiles que había tenido con aquél. El sentirse electrizada frente al anuncio quería decir que estaba genitalmente excitada.
2. En algunos sueños puede simbolizar la salida al exterior, el abandono de la introversión, de la cerradez interior y el asomarse a los placeres exteriores de la vida.

BANCO

psi. 1. El Banco de los sueños, como establecimiento comercial o financiero, tiene un simbolismo parejo al de la vida cotidiana. Se acude al mismo para depositar ahorros o para efectuar extracciones de dinero cuanto se necesita; también para solicitar un préstamo, aval, o realizar operaciones relacionadas con la dinámica propia de este tipo de entidades.

O sea, que está relacionado con aquello que nos da un cierto poder para adquirir o comprar determinadas cosas. El Banco de las visiones oníricas simboliza, pues, la concentración de nuestra energía interior, de nuestros valores psíquicos. Así, cuando alguien sueña que quiere sacar dinero del banco, solicitar un préstamo, o que atracan el banco, es necesario analizar aquello que está atacando, la energía del soñador, sus valores internos... El banco, en consecuencia, representa casi siempre el capital emocional y de seguridad personal. Soñar con un banco cerrado, por ejemplo, puede significar que de momento uno no puede disponer de sus energías interiores. Y cabe preguntarse el por qué. «¿Estará agotada la cuenta? ¿Se estará al descubierto por derrochador o por haberse administrado mal?» Es un sueño indicativo de que algo no está correcto en la conducta del durmiente; de alerta personal.

2. El banco de un paseo suele simbolizar la cama o el lecho.

3. En muchas ocasiones, el Banco comercial significa que debe liquidarse el pasado, que hay que concluir alguna operación personal. Es el anuncio de algo nuevo.

BAÑO

psi. 1. El baño de las visiones oníricas suele expresar la necesidad de purificación interior o anímica (véase agua), de renovación psíquica. Su contenido y significado, casi siempre, positivos. Porque señalan que existen en el interior del sujeto fuerzas que apuntan y desean la elevación espiritual, el *limpiarse de miasmas psíquicas e instintos* poco convenientes, el desprenderse de aquello que mancilla la espiritualidad de uno. En tales casos, como indica Evelyne Weilenmann, existen deseos inconscientes de desprenderse de algo sucio, viejo o molesto.

2. El bañarse en piscinas y playas es un simbolismo de los deseos sexuales o eróticos.

c. oc.: El famoso Artemidoro, en su *Libro de los Sueños,* ya indicaba prosperidad en los negocios y vigor corporal a todos aquellos —aún enfermos— que soñaran que estaban sumergiéndose en piscinas de agua límpida y fresca.

Novia soñando que prepara el baño para el novio: Las relaciones terminarán mal.

Bañarse en agua sucia: Vienen contratiempos y enfermedades.

Bañándose en agua limpia y cristalina: Exito en proyectos y negocios.

Bañándose en el mar con el cónyuge: Esperanzas que se realizarán.

BARCO (Barca, Bote)

psi. 1. Suele representar nuestro «Ego», nuestras aspiraciones interiores y objetivos, nuestros propósitos y la problemática del destino, a semejanza de lo que ocurre con el *tren, avión, automóvil...* Siempre es señal —buena o mala— de que hay algún cambio en el rumbo de la existencia o de que nuestro *navío personal* navega con inseguridad (cuando se ve la mar agitada o la embarcación acercándose demasiado a los arrecifes).

2. Como en la vida cotidiana, las embarca-

ciones en los sueños sirven para navegar por los recintos acuosos que lo permiten (mar, pantanos, mares, océanos, ríos), por los «mares» de nuestro inconsciente o personalidad interna. Estas embarcaciones sirven también para permitirnos «pasar a la otra orilla del río del sueño» (indicativo de que se sorteará algún obstáculo), «dirigirnos hacia nuevos horizontes» (soñar que se sube a un barco o que se está navegando en él es que se acercan o se están produciendo ya, cambios de trayectoria en la vida del durmiente), «explorar nuestro inconsciente» (estar navegando por un lago, pescando o intentando ver el fondo, es señal de que el soñador trata de profundizar en sí mismo para comprenderse mejor), etc.

3. Un hombre que se había involucrado en un nuevo negocio algo dificultoso, soñó que era capitán de un barco que se iba contra los arrecifes. Todo el sueño se lo pasaba frente al timón tratando de que el buque sorteara los peligrosos escollos, mientras se decía en voz alta: «¿Quién es el imbécil que me ha puesto en este aprieto?». El sueño reflejaba sus temores de que el negocio fracasara a causa de los problemas con que tenía que enfrentarse. Pero el contenido podía considerarse positivo ya que, le indicaba al sujeto que estaba en poder de las cualidades y fuerza necesaria para «capear el temporal económico» y evitar el «naufragio del negocio». (Véase el término Abordaje.)

BASTON (Palo, Vara)
psi. Normalmente es un simbolismo sexual de tipo fálico, es decir: representa el órgano viril masculino.

BATALLA (Combate, Lucha, Pelea)

psi. Suele ser la expresión de lucha de las tendencias psíquicas opuestas en el interior del sujeto. Hay que analizar el conjunto del sueño para conocer la razón que motiva el conflicto. Casi siempre hay sentimientos de sexualidad de por medio.

BICICLETA (Pedalear)

psi. 1. La bicicleta es un vehículo que exige el empleo de la energía física personal para correr, trasladarse y, por supuesto, mantener el equilibrio. Con la bicicleta puede irse montado donde se quiera y por caminos estrechos, sinuosos, difíciles. Se puede ir por senderos que le están vetados al automóvil. La bicicleta de los sueños es parecida a la real; montado en ella puede correr el soñador por los caminos más empinados o por la carretera más amplia y mejor asfaltada (en el primer caso es indicativo de problemas que requieren mucho esfuerzo, y en el segundo, de que los asuntos personales marchan bien y sin obstáculos). Como todo vehículo, indica en ocasiones deseos de cambio o viajes, así como cierto individualismo. En este aspecto, la bicicleta es también un simbolismo contrario al del autobús, tren, barco, etc.
2. Montar en bicicleta evidencia, a veces, prácticas masturbatorias en solitario. Debe analizarse el conjunto del sueño.
3. Puede evidenciar, también, los deseos sexuales latentes.
4. Simboliza problemas sexuales entre la pareja. Cuando uno se ve pedaleando al lado de la com-

pañera y se produce una avería en su bicicleta, acostumbra a señalar que existen desavenencias en la compenetración del sexo o de los sentimientos con la susodicha compañera.

BILLETE

psi. 1. El billete de los sueños representa lo que uno «paga por el viaje que está realizando». Generalmente aparece en sueños de *autobús* y *tren*. Sobre la importancia del billete en este tren o autobús de la vida que aparece en sueños, el Dr. Aeppli precisa: «Tenemos que sacar también nuestro *billete,* o sea, psicológicamente expresado, que tenemos que pagar con energía lo que en la vida diurna se paga con dinero, pues nadie vive de balde, nadie progresa sin sacrificarse; sólo las gentes de mente infantil pretenden obtenerlo todo gratis, todo regalado; pretenden que se les releve de toda aportación propia».

2. A veces se sueña que uno ha sacado un billete de segunda o tercera clase, pero está viajando en primera. Ello quiere decir que, interiormente, uno *no se encuentra* en su sitio en la vida, que se está empeñando en cosas para las cuales no se halla capacitado; le falta energía, espíritu de sacrificio, conocimientos, experiencia, etc. O sea, que ocupa un asiento en el «vehículo» del destino colectivo, en la sociedad, que no le corresponde por merecimientos propios.

3. Otras personas sueñan que toma asiento en un vagón de segunda, llevando consigo billete de primera. Es como en el caso anterior pero con la oración por pasiva: se está capacitado y se posee ener-

gía para subir en el escalafón social y acceder a empresas de mayor envergadura; pero se es demasiado cauto, precavido o miedoso, para lanzarse al asalto definitivo de ese lugar que nos corresponde. En tales casos, el «interventor en ruta» (revisor), «la autoridad interior» de los sueños se encarga de colocarle a uno en el lugar que le corresponde, al tiempo que se convierte en una advertencia de cómo debe actuar el sujeto en estado de vigilia.

4. Estar en el tren o autobús sin billete, evidencia que uno no está preparado para acometer un cambio en su vida o para ocupar un cargo determinado en la sociedad.

BOCA

psi. Muchas veces, la menstruación aparece en los sueños como una boca que sangra, y suele ir acompañada de caída de dientes que representan, en este caso, los óvulos no fecundados, los hijos que se pierden. No debe olvidarse que en la realidad, la menstruación, además de señalar la inexistencia de la fecundación, es el aborto de un óvulo no fecundo. La mayoría de las veces pues, la boca, tiene el simbolismo de los genitales femeninos.

BOLSA (De papel, de plástico, de tela)

psi. 1. En ocasiones significa el recipiente que puede contener o guardar cosas, lo que simboliza al hombre, y en otras, su posición social, sus bienes, sobre todo si la bolsa aparece llena de monedas o dinero y el sueño lo tiene una fémina.

2. El algunas visiones oníricas, cuando la bolsa es de tela y está atada y cerrada, puede simbolizar los deseos de conservar un secreto o los temores de que aquél sea divulgado.

3. Una bolsa de plástico transparente puede significar la envoltura de la personalidad, el alma que rodea el espíritu. Entonces tiene mucha importancia lo que hay dentro de la bolsa, como en el sueño siguiente: «Soñé que estaba en el andén de una estación y que un tren se detenía ante mí; como único equipaje llevaba una bolsa de plástico dentro de la cual habían dos o tres libros». Este sueño advertía de que se iban a producir cambios psicológicos, un viaje por el interior de la personalidad, en el que sólo se llevaría todo lo aprendido en los libros, toda la experiencia adquirida, un viaje de tipo espiritual. Como así fue realmente. El durmiente (escritor de profesión), aquel mismo día, recibió una carta de una amiga en que le comunicaba que al recibo de la misma ella se habría suicidado y que por correo aparte le enviaba los libros y objetos a los que tenía cariño. En cierta forma, este sueño puede inscribirse dentro del apartado psicológico-premonitorio.

BOMBA (Bombardeo)

psi. Como en la vida real, la bomba que aparece en las visiones oníricas, simboliza los peligros, los pensamientos destructores. Cuando la bomba cae del aire, lanzada por un avión, representa los peligros que provienen de áreas incontroladas de nuestro espíritu y que se abaten sobre nosotros. Este tipo de bombas representa las ideas obsesivas, las inhibiciones, la agresividad latente, los temores, vicios destructores, neurosis, etc., que amenazan nuestra intimidad, nuestra integridad moral e, incluso, nuestra integridad física, nuestra salud.

BOSQUE

psi. 1. Simboliza la totalidad del inconsciente con sus fuerzas complejas y tendentes desconocidas, enigmáticas y primitivas, positivas y negativas, espirituales y materialistas. El bosque de los sueños representa nuestra vida enmarañada y los peligros y esperanzas que se encuentran en él (hablamos de vida inconsciente) —animales salvajes, bandidos, fosos, serpientes, plantas venenosas, etc.— y que hemos de buscar nosotros mismos. Para ello es necesario interpretar cada uno de los elementos que aparecen en el bosque, positivos o negativos. La luz solar que se filtra por entre el follaje y las ramas de los árboles, las flores, las fuentes de agua cristalina, un campo cultivado, un huerto con frutos, etc., son símbolos positivos; mientras que lo son negativos, salteadores, dragones, tigres, serpientes, plantas carnívoras, oscuridad, riachuelos de agua sucia y contaminada, cocodrilos. Amén de ser figuras negativas nos advierten de que hay peligros acechando a nuestro inconsciente, que *existen fuerzas primitivas* en el soñador que empiezan a adquirir excesiva preponderancia, que *hay instintos* que están escapando al control del durmiente.

2. El bosque tiene, la mayoría de las veces, un claro trasfondo erótico-sexual, por lo que aquellos elementos que aparecen en el bosque que se sueña apuntan hacia la problemática de los afectos.

BOTELLA

psi. 1. Es un símbolo fálico; representa el atributo sexual masculino, sobre todo si la botella es (o tiene) de alguna bebida fuerte, como cognac, ron, whisky...

2. En otras ocasiones puede simbolizar una especie de prisión o encierro.

c. oc.: *Botella vacía:* Sobriedad, infortunio, escasez, malas noticias, obstáculos.

Botella llena: Borrachera, prosperidad, abundancia.

Botella rota: Tristeza, malas noticias.

Vender una botella: Fortuna en peligro, vida disipada y alegre.

Derramar el contenido de una botella: Preocupaciones en el hogar.

C

CABALLO (Cabalgadura)

psi. 1. El caballo de las visiones oníricas simboliza, ante todo, la potencia elemental de los instintos, la energía de la personalidad instintiva. Cuando el caballo es dócil y amaestrado, indica que los instintos están ordenados y dispuestos a conducir al soñador hacia sus objetivos y ambiciones. Cuando todo funciona correcta y coherentemente entre el caballo y su jinete (soñador), indica que existe armonía entre instintos y el «Ego».
2. Toda cabalgadura representa las energías movidas por la voluntad, de manera que la categoría del caballo y la forma —segura o vacilante— con que uno lo conduce indican los presagios a obtener del sueño. Por ejemplo: si el sujeto ha decidido emplear tales o cuales medios para alcanzar un objetivo, la montura de sus sueños simboliza esos medios.

3. Montar un caballo es indicativo, en ocasiones, del coito que se desea, de la extinción genital. Puede identificarse con el pene en determinados sueños.

4. Ver en sueños caballos amaestrados, evidencia que existe orden en la vida anímica y casi siempre en el comportamiento erótico-sexual.

5. Soñar con caballos salvajes es señal evidente de pasiones tumultuosas, desórdenes eróticos, descontrol de las relaciones amorosas, etc.

6. El «caballo blanco» puede tener diversos significados.

A) En ocasiones es el símbolo arquetipo del principio femenino.

b) En otras, simboliza una energía psíquica creadora, si bien desliga de lo terreno, próxima a las imágenes primitivas como Pegaso, el caballo volador, el corcel con alas que convivía con las Musas y los dioses mitológicos.

c) El montar un caballo blanco puede ser —en su aspecto más amplio y trascendental— un presagio de muerte, de subir o cabalgar hacia el más allá, a manera de moderno Elías, que subió al cielo en un carro de fuego. En su aspecto más corriente es indicativo de que se está produciendo un cambio espiritual en la vida del soñador, que está muriendo una etapa material y hay un renacimiento, una elevación espiritual.

c. oc.: *Caballo tirando de un arado:* Exito en proyectos y empresas. Beneficios como resultado de los esfuerzos.

Caballo en el establo: Peligro de pérdidas monetarias por negligencia o vagancia.

Caballo tirando de una carreta o carruaje: Se acercan beneficios.
Verse montando el caballo del amo: Se alcanzará la fortuna y la posición del amo. Es tradición que Septimio Severo soñó que el emperador Pertinaz, al que Septimio servía, moría al caer de un caballo y que él montaba el corcel imperial. Poco tiempo después Pertinaz moría asesinado y Septimio Severo, tras cruentas luchas, se hizo con las riendas del poder en Roma.

CABALLERA (Cabellos, pelos)

psi. 1. Simboliza el lado instintivo de la persona, sus energías primitivas, la fuerza erótica. El arreglarse los cabellos en sueños quiere decir que la energía primitiva, los impulsos eróticos y los sentimientos no pueden presentarse ante los demás tal cual, tal como son en la realidad, sino que necesitan ser pulidos, «controlados», recortados...
2. El color de los cabellos también tiene en sueños su especial significado. El *color negro,* en este caso, simboliza lo tenebroso, lo pecaminoso, lo salvaje, lo que aún no ha recibido el barniz «civilizado» y de las buenas formas.
3. Llevar una dama una rosa entre los cabellos y ser feliz, puede simbolizar el coito.
4. A veces representa las ansias de convertirse en mujer, de poder canalizar los sentimientos amorosos y la fertilidad.
c. oc.: *Soñar que le cortan la cabellera:* Desdichas y traiciones. Recordemos que a Sansón le cortó su espléndida cabellera Dalila, mientras aquél dormía, a

resultas de lo cual perdió su terrible fuerza.
Cabellos cayéndose: Pérdida de una amistad.
Teñirse el cabello de blanco: Mejorarán los asuntos y proyectos.

CABINA TELEFONICA

psi. La cabina de teléfonos, al igual que el susodicho aparato, representa primordialmente el medio de comunicación más usual de la actualidad. Además, simboliza la relación inmersa en el bullicio de la vida, en la existencia ciudadana, de las vivencias en grupo, de los contactos... Lo mismo que el teléfono, simboliza el deseo de relacionarse con los demás, de establecer citas, tener tratos amorosos. Aunque es discutible el que una cabina telefónica tenga una significación masculina o femenina, no es disparatado pensar que en los sueños de una mujer simbolice al hombre, y en los de éste, a la inversa. Ejemplo de una visión onírica femenina de esta índole:
«Soñé que estaba en una cabina telefónica y por donde cae el dinero que sobra, empecé a entrar los dedos, y cada vez sacaba más monedas.» Es indudable que aquí vemos el simbolismo masculino de la cabina, y el femenino, representado por esa ranura que devuelve las monedas. Estas, simbolizan los valores amorosos, los placeres eróticos que se desean, incluso, según el resto del sueño, las ansias de fertilidad, los frutos del amor (los hijos).

CACTO

psi. El órgano genital masculino.

CADAVER

psi. 1. Suele simbolizar que algo está más que muerto en nuestro interior y que debemos olvidarlo, ya sean sentimientos, amores, proyectos, maneras de pensar... Representa una fase o etapa de nuestra existencia que está tocando a su fin y que hay que prepararse para otra.

2. El cadáver de los sueños puede aparecer en los sitios más insospechados y recónditos: armario, baúl, cama, bodega, sótano, altillo, debajo del lecho, etc. El Dr. Aeppli da el siguiente ejemplo: «Un hombre se despierta en sus sueños y ve que entre él y su esposa hay dos mujeres muertas. Se trataba, visiblemente, de unas relaciones de antiguo liquidadas, con otras mujeres más que, aún como cadáveres, seguían separándole aún de su esposa».

CAER (Caerse, Caída)

psi. Símbolo del acto sexual que se desea o teme. O ambas cosas a la vez.

CAFE CON LECHE

psi. Símbolo de la unión sexual.

CAJA

psi. Símbolo del sexo femenino.

CAJON

psi. Símbolo del sexo masculino.

CALLE

psi. 1. Muchas veces representa el curso de la propia existencia. Hay que estudiar los otros detalles del sueño para ver qué nos indica con respecto a nuestra vida.
2. Cruzar la calle por un lugar prohibido puede representar las tendencias instintivas de saltarse algunas normas morales.
3. En ocasiones es un símbolo claramente sexual, ya que la calle es el lugar para el tráfico amoroso. Recordemos que suele decirse que una prostituta es una «mujer de la calle».

CAMA

psi. Símbolo claramente sexual. Refleja la vida en común. De acuerdo con lo que ocurre en la cama, o en el dormitorio, queda concretado el conflicto o la situación del soñador con referencia a su vida íntima.

CAMINO

psi. 1. La mayoría de las veces representa el camino o trayecto de nuestra vida, tal como lo ve nuestro inconsciente. El camino de los sueños señala nuestra auténtica situación interior de acuerdo con la trayectoria que llevamos en la vida cotidiana. Así, soñar que se marcha por un camino estrecho y pedregoso o con mucha subida, refleja que la ruta de la existencia no es fácil y que hay dificultades en el entorno de uno.
2. Si el camino de los sueños se pierde en

terrenos selváticos, pantanosos, barrizales, etc., el inconsciente está advirtiendo que el camino que sigue el soñador en su existencia real no es el adecuado, que es muy peligroso, que se ha apartado de la senda que le correspondía para adentrarse por vericuetos escabrosos (negocios o trabajos sucios o arriesgados, etcétera).

CAMION

psi. Vehículo de nuestro destino, de nuestra existencia, en el que transportamos nuestros deseos, ambiciones, etc.

CAMPO (Pradera, campiña)

psi. 1. La primavera de la vida, el campo de los deseos amorosos y las ilusiones.
2. La madre tierra, la madre naturaleza, la madre física.

CANAL

psi. Organos sexuales femeninos.

CAPA

psi. Símbolo fálico; representa los genitales masculinos.
c. oc.: *Soñar una mujer que se cubre con una capa:* Presagio de muerte violenta. Es tradición que Alcibíades, el general griego, vio en sueños cómo estaba cubierto por la capa de su concubina. Días des-

pués era asesinado por Farnabazo y la capa de su amante servía para amortajar el cuerpo del insepulto.

CARNICERIA (Carne)

psi. Simbolismo sexual; los placeres de la carne. Genitales femeninos. Soñar que se compra carne en una carnicería es indicativo de que hay deseos amorosos en el sujeto.

CARRETERA

psi. 1. El camino individual o destino, el camino de la vida, el cual conduce o está conectado con la realización de nuestros objetivos, deseos y aspiraciones.
2. En lo sexual puede simbolizar la fase inicial de la vida erótica, el desarrollo de los sentidos amorosos. Ya se está preparado para emprender la existencia amorosa o sentimental.

CASA

psi. 1. Representa el mismo ser humano y su estado interno o externo. Según estén las habitaciones o muebles así está el estado anímico del soñador.
2. Otras veces, la casa simboliza el cuerpo humano y cada parte de la misma tiene un significado específico. Así, el *techo* es la cabeza, el cerebro (símbolo que muchas veces se le da en la vida cotidiana metafóricamente); las *puertas,* los órganos sexuales (pasar por una puerta o atravesar una habitación puede representar el coito); las *ventanas,* los complemen-

tos sexuales secundarios, así como los genitales femeninos; la *bodega,* los pies o los órganos inferiores; el *balcón,* los pechos de la mujer...
    3. Simboliza a la mujer.

CEMENTERIO

    psi. 1. Todos tenemos un «cementerio psíquico» dentro de nosotros y en él existen tumbas, sepulturas y cadáveres, que representan nuestras perdidas esperanzas, las tristes despedidas, las ilusiones rotas, las pérdidas dolorosas, frustraciones, fracasos de toda índole —un compendio general de lo que pudo haber sido y no fue—, sentimientos que no llegaron a realizarse, oportunidades fallidas, etc. En tal caso, soñar con cementerios o tumbas no es una premonición de muerte como muchos suponen, sino que tal visión onírica está vinculada a un hecho —generalmente una nueva frustración— que ha «obligado» al inconsciente a recordar a quienes yacen en su cementerio interior.
    2. Inquietud por nuevos problemas o situaciones, especialmente cuando se ha de tomar una determinación importante en la vida cotidiana.
    3. Según los detalles que intervengan en el sueño, indica también el renacer a una nueva vida, la muerte del pasado, una resurrección sentimental, familiar o profesional.

CERRADURA

    psi. Símbolo de los genitales femeninos. Soñar que una llave (representación del falo) se introduce en una cerradura, es indicativo de que se desea realizar el coito.

CERRAR

psi. Finiquito de unas relaciones sexuales. Cerrar una puerta de servicio puede indicar que el soñador desea fervientemente olvidarse de asuntos tristes o desagradables, casi siempre de trasfondo sexual.

CORRIDA DE TOROS

psi. 1. Ver en sueños una corrida de toros (sobre todo si es el durmiente quien encarna el papel de matador), simboliza la lucha que existe a nivel inconsciente para controlar las fuerzas primitivas de tipo sexual que hay en la persona. (Véase Toro.) Suele evidenciar que el sujeto está intentando vencer sus pasiones eróticas y civilizar su furia salvaje, vital. De ahí el mito de los antiguos héroes luchando con toros salvajes, que es el símbolo del sacrificio interior y de la lucha para superar el estado salvaje inicial por medio de la cultura y la disciplina, de la fuerza de voluntad.

CUCHILLO

psi. Símbolo del falo o pene. Cuando una mujer sueña que le clavan un cuchillo es que, inconscientemente, está anhelando la realización sexual.

D

DAR LA MANO

psi. Símbolo de la masturbación.

DECAPITACION (Decapitar)

psi. Indica que debe revisarse en profundidad la actitud de uno ante la existencia, o prestar atención a los problemas que se tienen planteados; en una palabra: debe cambiarse radicalmente de manera de actuar.
c. oc.: *Ser decapitado por asesinos:* Malas noticias económicas; pérdida de bienes o propiedades.
Enemigos que son decapitados: Se realizarán los deseos.

DEDO

psi. Símbolo del falo o pene.

DESCUARTIZAMIENTO (Desmembración)

psi. Refleja la situación moral o psíquica. Soñar con cuerpos desmembrados o descuartizados es típico de aquellas personas que rechazan determinadas tendencias o necesidades de tipo sexual, ya sea porque las consideran inconvenientes, pecaminosas, o por otros impedimentos de índole moral.

DIENTE

psi. 1. A menudo, en las mujeres, los sueños de dientes simbolizan fantasías inconscientes de embarazo o fecundidad.

2. En el hombre, soñar que se pierden dientes simboliza el miedo a perder el pene, a la castración, o a la impotencia.

3. En la hembra, soñar que se pierden dientes puede aludir a la pérdida de una ilusión amorosa, a una ruptura sentimental, etc.

4. Los dientes caídos también suele aludir a los hijos perdidos o no fecundados, es decir, la falta de fecundidad (al no estar casada, etc.), cuando es la mujer quien sueña con ellos, sobre todo si además sangra por la boca, lo que simboliza la menstruación. No hay que olvidar que los períodos de la mujer —casi siempre representados en sueños por la boca sangrante— amén de señalar la carencia de embarazo, vienen a ser el aborto natural de un óvulo no fecundo. Las jóvenes que desean casarse y ser madres, suelen tener esos tipos de sueños mientras son solteras. Esos dientes que se caen en las visiones oníricas son las oportunidades perdidas de alcanzar la maternidad.

c. oc.: Representan a los parientes, amigos, compañeros, vecinos y gente con la que el soñador se relaciona. Los delanteros —según tradición ocultista— simbolizan a los hijos y familiares más próximos (los de arriba a los varones, los de abajo a las hembras). El colmillo derecho representa al padre; el izquierdo, a la madre. Las muelas se refieren a los amigos, vecinos y parientes más lejanos.

Ver los propios dientes más hermosos, firmes y blancos: Se progresará en todos los órdenes y conceptos, teniendo éxitos en un proyecto o negocio que se está tramitando.

Si se caen: Falta de vitalidad; peligro de que fallarán algunos apoyos familiares. Anuncio de que vienen contratiempos y disgustos.

Si alguien los arranca: Afrenta, tradición, accidente.

Si un diente es más largo que los otros e impide comer o hablar: Disputas familiares, pleitos o disgustos a causa de alguna herencia o legado; enfrentamiento con socios o colegas.

Diente muy gastado o perdido: Probable pérdida de un pariente o amigo.

Dientes que crecen: Noticias sobre un próximo nacimiento.

Naciendo un diente: Nuevas actividades, cambio de proyectos, de trabajo; nuevas amistades.

DINERO

psi. 1. Simboliza la fuerza, poder, energía psíquica, que puede emplearse para emprender algo. Su posesión, en sueños, suele indicar que se tiene fuerza personal, recursos para acometer empresas o enfrentarse con problemas o situaciones difíciles. «Es una medida —explica el Dr. Aeppli— de la energía de que disponemos o que deseamos, de la que tenemos que poner en acción para alcanzar algo. Las cosas de la vida no las obtenemos gratuitamente. La vida es «cara», hay que pagar por fuerza. Los éxitos cuestan. Este coste puede, ocasionalmente, adquirir estado de conciencia en forma de una suma de dinero. En los sueños de dinero pueden expresarse la potencia y la impotencia de todo género, ya como posesión, como ganancia o pérdida. Particularmente favorable es el hecho de que después de una enfermedad, después de cualquier pérdida vital encuentre una persona en su casa o en sus manos dinero, de que una vez más vuelva a ser rico en vez de pobre».

2. En los sueños de dinero hay que tener en cuenta los siguientes puntos:

    a) Su procedencia.
    b) El lugar en que se ha encontrado o perdido.
    c) Las especiales circunstancias que rodean el sueño de dinero.

3. En los sueños de los hombres, suele también representar su capacidad para el amor. En los de la mujer, situaciones de especulación erótica.

DISPARAR

    psi. La mayoría de las veces simboliza la eyaculación.

DUCHARSE

psi. Símbolo también de eyaculación en muchas ocasiones.

E

EDIFICIO

psi. 1. Representa la propia personalidad con sus diferentes pisos o estadios, escaleras, habitaciones, etcétera. Para interpretar este sueño deben analizarse meticulosamente todos los elementos que intervienen en él. (Véase Casa, Escalera, Ascensor.)
2. Soñar que se está levantando un edificio es símbolo de que hay planes en marcha y con posibilidades de éxito, mientras que ver un edificio en ruinas o que se derrumba indica lo contrario: planes fallidos, proyectos fracasados.

ELEFANTE

psi. 1. A veces representa la imagen inconsciente de la madre protectora.

2. En muchos sueños de mujer, es símbolo de la fortaleza masculina y de su potencia sexual, siempre que esté la trompa levantada. Si no es así, el sueño puede ser indicativo de la falta de potencia sexual del marido o compañero.

c. oc.: *Dando de comer a un elefante:* Vendrán beneficios de persona importante.

Montando un elefante: Planes que tendrán éxito.

Elefante escapando de un circo: Se acercan peleas familiares.

ELEVARSE (Véase el término Ascender)

EMPERADOR

psi. Representación inconsciente de la autoridad paterna.

EMPERATRIZ

psi. Representación inconsciente de la protección materna.

EMBARAZO (Preñez, Encinta)

psi. 1. Sueño típico de la mujer, generalmente de la joven, aunque también lo tienen algunas mujeres de avanzada edad. A veces, el sueño de estar embarazada es una expresión de los deseos de maternidad que anidan en la soñadora, mientras que en otros señala los temores de un embarazo no deseado. Pero, con mucha frecuencia, el sueño de la concepción indica que la mujer «espera algo nuevo en la vida», «que espera y desea dar a luz un hijo espiritual», hijo que puede representar su madurez biológica, mental, espiritual, etc. En otros casos, cuando una mujer joven sueña que se encuentra en estado de buena esperanza, significa que aguarda verse libre de sus frenos interiores con el fin de poder «dar luz» a una nueva vida, una nueva forma de existencia. Sirva de ejemplo el siguiente sueño:

«Estábamos en nuestro chalet de veraneo las cuatro hermanas y una amiga, sentadas en la terraza. Todas nos hallábamos encinta. De repente, yo comencé a revolcarme por tierra gritando que estaba harta, que no podía más. El lugar era idéntico a como es ahora, pero no había sillas ni mesas.» Debe aclararse que las cuatro hermanas eran solteras, y una con novio (la mayor tenía 22 años). Interpretación del sueño: El embarazo es indicativo de que había alcanzado cierta madurez biológica y mental y que deseaban cambios en su vida; trocar su estado de soltería por el de casadas, amén de escapar de la férula paterna. La que se revuelca por el suelo representa, claramente, el deseo de realizar el acto sexual. Fijémonos, incluso, en el símil de la palabra utilizada por la soñadora: «revolcarme», cuando en la vida es corriente emplear el término «revolcón» o «revolcarse» como símil del acto sexual. Y la ausencia de mesa y sillas —que representan la vida en común, la vida matrimonial y en familia— indica que hay un vacío en sus existencias, la del amor y la familia que ansían crear. En conjunto, pues, este sueño resume el fuerte deseo de esas mujeres por iniciar sus vidas afectivas y eróticas con toda plenitud e intensidad. Y es muy

probable que los hubieran discutido o comentado en más de una ocasión en estado de vigilia y que el inconsciente de la soñadora hubiese elaborado dicha visión onírica aglutinando los sentimientos colectivos.
2. Cuando una mujer de edad sueña constantemente que está encinta es indicativo de que está esperando su propia madurez mental, el verse libre de trabas y frenos y poder «alumbrar una nueva vida», una «nueva etapa de su existencia».
3. Si es un hombre quien sueña que está embarazado, la referencia es la misma que en el apartado anterior: desea cambios en su vida, que nazcan nuevos derroteros para su existencia, y que tiene planes y proyectos para que así ocurra.

ENJABONARSE

psi. En los sueños masculinos alude en la mayoría de las ocasiones a la masturbación.

ENTIERRO

psi. 1. Suele ser indicativo de que algo ha muerto en el interior de uno, de que ha sufrido un profundo dolor o desengaño sentimental, que ha muerto una parte psíquica de sí mismo. Viene a ser una especie de despedida interior a algo que no se ha podido alcanzar o que ha defraudado.
2. «De entierros —escribe el doctor Aeppli— nos hablan ciertos sueños, a menudo con descripciones que resultan impresionantes, salpicados a veces de cómicos chispazos. Toda desviación onírica del rito habitual tiene importante significación. Importantes

son los caballos y el furgón, interesante el cortejo de los acompañantes, de los cuales, en los más de los casos, no son conocidos tres o cuatro. Pero la cuestión aquí es más honda, *es saber a quién o a qué se entierra.* Si el soñador piensa por la mañana en esto y reflexiona sobre el hecho de que también estos sueños se refieren a uno de sus propios contenidos interiores, psíquicos, entonces se decidirá a poner en orden lo que corresponda para que los días de su vida empiecen a serle más claros.»

EQUIPAJE

psi. 1. Como en la vida real, el equipaje de los sueños simboliza lo que necesitamos llevar o transportar para el viaje que realizamos resulte lo más cómodo y fructífero posible. En consecuencia, el equipaje no es el mismo en forma o cantidad para cada propósito. Pueden ser maletas, mochila, atillo, etc.; por ello es muy importante analizar con detalle la valija que sale en los sueños. Aquí el equipaje puede tener diversos significados, pero siempre con unos parámetros bastante generalizados. Suele representar nuestra energía, nuestro potencial y nuestra capacidad para enfrentarnos con determinados problemas o conflictos o, simplemente, para caminar por la vida.

Por tanto, el equipaje nos indica la cantidad y calidad de nuestras facultades psíquicas y, por tanto, la posibilidad o no de que cristalicen nuestros proyectos. Representa los conocimientos, la capacidad de organización, la seguridad en nosotros mismos, nuestros estudios, los problemas de nuestra personalidad, nuestras experiencias y cualidades personales y profesionales, etc. Para comprender bien este término también es necesario escudriñar los elementos asociados o ligados al mismo, como son *viaje, tren, estación, barco, avión, automóvil,* etc.

2. Soñar que se viaja con un equipaje enorme y pesadísimo o que apenas se puede arrastrar, suele referirse al lastre neurótico o los complejos que no conseguimos eludir y que dificultan nuestro camino por la vida. También acostumbra a evidenciar el cúmulo de acciones negativas, errores, temores, fobias, etc., que vamos arrastrando por falta de valentía, por indecisión o por cobardía. Esos tipos de sueños suelen indicar que hay que esforzarse por obtener la firmeza de voluntad dejando de lado todos aquellos vicios, pasiones y dudas que entorpecen nuestra buena marcha.

3. El equipaje sin preparar representa los complejos, la falta de seguridad en sí mismo, la carencia de dotes de organización y la escasa aptitud para enfrentarse con la problemática de la vida, como en el siguiente caso (sueño de una mujer casada de 32 años): «Regularmente tengo una visión onírica desde hace varios años, cuyos detalles se repiten con insistencia. Tengo que ir de viaje, llega el momento de salir y nunca tengo el equipaje dispuesto; al contrario: siempre reina un gran desorden. Ropas por todos los sitios, cada vez todo más liado. Durante el sueño me angustio mucho al verme incapaz de controlar tanto desorden». El mensaje final de la visión es claro: la mujer tiene que aprender a disciplinarse, a estudiar, a adquirir nuevos conocimientos, fortalecer su sentido de la organización y dejarse de improvisaciones, de lo contrario nunca podrá aprovechar

las oportunidades que ansía o los cambios y proyectos que la obsesionan. Desea grandes trueques en su existencia y el sueño le indica que no está preparada (o no se prepara) para conseguirlos.

ESCALERA

psi. 1. En la vida cotidiana, la escalera es el medio que nos permite acceder a otros niveles, que nos otorga la posibilidad de subir o bajar a otras plantas de un edificio o casa, sea para ascender y tomar el sol en una terraza o para descender a la oscuridad de un sótano, para mostrarnos a la vista de todos, trabajar en una oficina o descender a lugares recónditos donde buscamos satisfacciones prohibidas, sitios de libertinaje y desenfreno, etc. *La escalera de los sueños* puede, pues, indicar una ascensión hacia lo alto, hacia donde se considera que está lo sublime, lo superior, los más nobles sentimientos, las aspiraciones intelectuales, el superior desarrollo de la personalidad..., o puede significar un descenso hacia sótanos o habitaciones subterráneas, buscando partes escondidas de la personalidad, partes que pueden estar relacionadas con vicios o perversiones. Por ello es importantísimo analizar todos los elementos que intervienen en la visión. *La escalera de los sueños* está estrechamente vinculada con los símbolos de *subir, ascender, bajar, descender, caer...*
2. Verse uno bajando escaleras, pero de una manera prudente, suele reflejar el descenso hacia los propios instintos, hacia el inconsciente, para explorarlo, conocerse mejor a sí mismo y buscar nuevas

fuerzas y cualidades para enfrentarse con determinados problemas personales.

3. Ascendiendo por escaleras puede ser símbolo de la paciencia, rutina, de la perseverancia, de la seguridad que uno tiene en sí mismo para alcanzar el éxito paso a paso, peldaño a peldaño.

4. Según las teorías del psiquiatra y psicoanalista austriaco Sigmund Freud, el subir y bajar continuamente escaleras (sobre todo cuando se hace con cierta rapidez) tiene un claro simbolismo sexual. El ascender representa la erección del pene y el bajar, lo contrario. Si uno despierta con sensación placentera, no cabe duda de que el sueño tenía un simbolismo erótico.

5. Si uno se ve en sueños subiendo con seguridad por una escalera bien construida, sin que falte ningún peldaño, significa que su inconsciente ya ha tomado decisiones sobre los asuntos que le preocupan y que los ejecutará con decisión, sean de tipo afectivo, profesional o familiar. Es un sueño de tipo positivo. En otras ocasiones suele significar el principio de nuevas tareas o proyectos o la reafirmación de la personalidad o confianza en las propias fuerzas para alcanzar lo que se desea.

6. Cuando uno se ve subiendo escaleras continuamente, puede ser indicativo de que la personalidad se está construyendo de una manera acelerada y constante. Es un sueño común a los jóvenes, en especial cuando se trata de descubrir lo erótico y desarrollar su capacidad sexual o afectiva.

7. Subir escaleras puede simbolizar también el romper los tabúes, miedos o titubeos de la personalidad (sean de índole sexual o no), como en el caso

siguiente (sueño que tuvo una chica de 26 años): «Acostumbro a soñar con un desconocido en lo alto de una escalera. Me pide que vaya hacia él. Yo corro, y subo deprisa, pero está mucho más alto de lo que parecía y por más que me esfuerzo no lo alcanzo hasta que me tiende la mano. Entonces parece como si volara encima de los peldaños y me encuentro a su lado. Después, bajamos juntos». Interpretamos este sueño como si la muchacha tuviese una personalidad «encogida», vacilante, llena de dudas y titubeos, probablemente en exceso introvertida y con miedo a relacionarse abiertamente con los demás. Debía tener una cierta dosis de cobardía interior, de reserva, pudiendo dudar hasta de su propia capacidad, tanto por lo que se refiere a destacar profesionalmente como a lanzarse en pos de las satisfacciones amorosas. Estas escaleras estaban, en parte, relacionadas con el desarrollo de su personalidad y sexualidad. El desconocido representaba (al margen del sexo opuesto) la parte más viril, fuerte y decidida del inconsciente, indicándole que no tuviese miedo, que hiciera el esfuerzo de *lanzarse,* de *ascender,* de *subir,* de *superarse,* a fin de obtener aquello que ansiaba.

Este sueño no sólo hacía referencia a objetivos materiales y a la aproximación de nuevas etapas en la existencia de la muchacha, sino que indicaba una ascensión hacia lo espiritual, lo sentimental, lo idealístico y el pleno desarrollo de sus facultades. Y la mano de ayuda que tendía el desconocido, le estaba indicando que no tuviese miedo, que subiese sin temor, que estaba protegida interiormente, que disponía de cualidades y apoyo espiritual para superarse.

8. A veces, la escalera también puede relacionarse con la vertebral. En tal caso suele ser un sueño fisiológico. Los que padecen alguna dolencia o dolor en el espinazo no es raro que tengan sueños de escaleras que reflejan esta afección orgánica. A veces pueden, incluso, advertir de una dolencia que se aproxima.

9. Los sueños de escaleras son muy a menudo indicativos de inseguridad propia y reflejan los temores o falta de preparación personal para alcanzar lo que se desea (o simplemente, temor a la vida y a las responsabilidades), como en el sueño siguiente (tenido por una mujer casada, de 57 años y madre de una hija de 21): «Desde que era muy pequeña vengo soñando que subo escaleras sin alcanzar nunca el final. En la vida real siempre me han dado mucho miedo las escaleras». Esas visiones oníricas reiteradas son indicativas de falta de madurez o de personalidad débil, puesto que indican titubeos, inseguridad o dudas sobre las propias cualidades y aspiraciones. El destino no la lleva a ninguna parte; sube y baja escaleras sin llegar a conocerse a fondo, ni para bien ni para mal. Probablemente también acusa una insatisfacción íntima o sexual, con represión erótica. Si le dan miedo las escaleras en la realidad es porque éstas conducen a un sitio u otro y ella siente temor por lo que hay al final de las mismas; las decisiones o responsabilidades que habría de tomar, unido a su falta de preparación profesional o cultural, para llegar a la meta que le gustaría. La niña que baja las escaleras puede simbolizar, incluso, los deseos conscientemente ignorados de regresar al claustro materno, a refugiarse en la seguridad del hogar de sus ma-

yores. Ilusión que ya no puede cumplirse porque una vez nacidos hemos de subir, de crecer, de aumentar..., no de disminuir.

10. Otro sueño que refleja inseguridad en sí misma (probablemente con mucha dosis de miedo al sexo) es el siguiente: «En sueños y con mucha frecuencia me veo obligada, por alguna causa, a subir o bajar escaleras, y lo hago con dificultad y experimentando gran miedo. Junto conmigo suben y bajan otras personas que me son conocidas (amigos, familiares), pero ellas lo hacen sin la menor dificultad. Esas escaleras que veo están gastadas, rotas, y en el aire. Siempre llego al final de las mismas sin caer, aunque eso está a punto de sucederme en varias ocasiones». Este sueño evidencia inseguridad en el desarrollo de la personalidad, miedo a valerse por sí misma en el momento de enfrentarse a la problemática de la existencia. Señala un carácter que está en formación o que todavía no ha crecido lo suficiente. Incluso puede denunciar dificultades para relacionarse emocionalmente. Esos peldaños gastados o rotos delatan que en el panorama de su existencia hay dificultades o problemas que teme, inconscientemente, no poder superar. Asimismo, deja entrever los baches de cultura, educación, falta de estudios, etc., que hacen que uno vaya con inseguridad por el mundo, pues encuentra obstáculos o barreras que le resultan infranqueables. No obstante, es bueno el significado final de la visión onírica pues señala que pese a hacer muchos esfuerzos, llegará al término de la escalera, a su meta final. Pero debemos insistir en que este tipo de sueños son, a la vez, indicativos de que se ha de luchar en pos del perfeccionamiento de la perso-

nalidad con nuevos estudios, lecturas, conferencias, cursillos, etc., ya que si sabemos que ese aspecto anda mal en nosotros tenemos que esforzarnos por mejorarlo. El estudio y los libros fortalecen la personalidad a través de los nuevos conocimientos que vamos adquiriendo constantemente.

11. Cuando una mujer sueña que sube una escalera pero que inicia el descenso antes de haber llegado al término de la misma, suele indicar insatisfacción sexual, dificultades para alcanzar el orgasmo, falta de compenetración sexual con el marido o compañero; resumiendo: que por una serie de razones (que debe averiguar) no se ha realizado plenamente en el aspecto del sexo.

12. Subir por una escalera junto con otras personas que le saludan a uno o con los que el soñador parece hallarse en armonía, anuncia avances en lo profesional y social, mejoramiento dentro del entorno en que se desenvuelve, ventajas económicas y políticas, etc.

13. Los sueños en que uno se ve cayendo por unas escaleras suelen advertir (a veces por excesiva confianza del soñador o por ingenuidad) del peligro de perder el *status* social, el empleo, negocio, o proyecto en el que se encuentre involucrado. Si es una mujer quien tiene esa clase de visión onírica, es más común que le estén anunciando el eminente peligro de un tropiezo emocional o sexual, la ruptura de unos lazos afectivos, de abuso de confianza por parte de alguien que sólo pretende satisfacer en ella sus bajas pasiones carnales.

14. Podríamos definir como un «clásico sueño erótico» el que vamos a transcribir seguidamente,

relatado por el doctor Angel Garma en su libro *Psicoanálisis de los Sueños,* explicado por una mujer que dice: «Del brazo de mi marido, bajaba por una escalera. Percibía claramente la impresión de mi marido, sintiendo su traje de franela. Era un camino maravilloso». Este es un sueño corriente en las mujeres realizadas sexualmente, que se encuentran a gusto con su marido y se complementan y compenetran con él en las relaciones eróticas.

15. Otras variantes de sueños vinculados al sexo son los siguientes (la soñadora tenía 26 años y era soltera): «Mi problema es que en el 99 % de mis sueños siempre hay alguna escalera que he de subir o bajar y también que siempre es de noche. No recuerdo haber tenido esa visión, jamás, en un día claro. Siempre es de noche o no sé realmente qué es. Hace años soñé que me casaba —no veía la cara del novio, sólo el cuerpo— y ya dentro de la iglesia tenía que subir una escalera, caminar por un pequeño rellano y volver a bajar por el otro lado de aquella escalera. Todo eso, para poder acceder al altar».

Todos estos sueños eran de índole sexual, es decir, que reflejaban los deseos de ella por tener contacto íntimo con varón enmascarándolo con la ceremonia del matrimonio; legalizándolo, por decirlo de alguna manera (para tranquilizar la conciencia). El subir y bajar escaleras era el simbolismo de lo sexual y el rellano (aunque puede significar una espera, en el sentido de que no conseguirá pronto lo que desea) simboliza psicológicamente una inhibición o dificultad para el normal desarrollo de su sexualidad. La iglesia y el altar también tienen un cariz erótico, pero purificado, legalizado. El novio de ese sueño encarnaba el sexo opuesto que anhelaban sus sentidos. Y la noche es un arquetipo de cama, sexo, placeres, amor, situaciones prohibidas, ya que es el principio femenino. Pero en este caso —y en otros— el que sea siempre de noche puede indicar también que existe mucho miedo, angustia, melancolía e inseguridad en sí misma. (Véase el término Noche.)

16. El sueño que sigue refleja una subida en la etapa de madurez interior, si bien el símbolo de la escalera tiene poco protagonismo. El sueño y la correspondiente explicación pertenecen a nuestro consultorio por correspondencia. Decía así: «Tengo 16 años y soñé que estaba en el colegio al que asistí de pequeña, viendo cómo todas las niñas jugaban. Yo no quería jugar con ellas y estaba llorando. Entonces subí por una escalera, en la cual habían dos hombres que me preguntaron: ¿*Adónde vas?* Les contesté que mi padre estaba arriba. Al llegar vi un salón grandísimo en el que se encontraban muchas imágenes de Dios, de la Virgen, de Jesús crucificado, etc. Toda la gente reía y hablaba, entre ellos mis padres. En medio de salón había una imagen de Dios. Entonces, sin pensar en nada, eché a correr hacia El, abrazándolo y besándolo, y Dios empezó a hablar y moverse. Todo el mundo se quedó en silencio. No pude entender lo que me decía el Señor».

En conjunto, esta visión onírica, muestra la lucha a nivel inconsciente entre la *llamada de la carne* y la vida espiritual, la lucha en que se halla inmersa esa jovencita que tiene que enfrentarse al medio ambiente social tan distinto a las creencias que le fueron inculcadas de niña. Al margen de la inseguridad y desconcierto en sí misma (posiblemente al descubrir con disgusto la manera desagradable como actuaban los mayores), la vuelta al colegio, en sueños, señala que a nivel inconsciente deseaba una regresión, una vuelta al entorno emocional infantil, a sus juegos de infancia cuando no tenía responsabilidad que asumir... Sin embargo, esta fase del sueño tiene una doble vertiente muy curiosa: por un lado se niega a jugar y llora, lo que parece evidenciar que pese a las dicultades que tenía para adaptarse a la realidad, existían en su interior deseos de superación; una fuerza interior diciéndole que ya había superado la fase de los juegos infantiles, y al mismo tiempo, lloraba por la muerte de una etapa de su vida, la *niñez;* la otra vertiente de la visión es puramente sexual. Aquí hemos de interpretar «todas las niñas jugaban» como un eufemismo de juegos eróticos, que puede estar relacionado con el hecho de haber tenido conocimiento de la actuación a nivel íntimo que desarrollaban algunas de sus compañeras en el colegio. De ahí, también, la negativa a participar en tales «juegos», que incluso pueden relacionarse con la masturbación. Su ascenso por la escalera puede interpretarse como un símbolo de madurez, de ascensión a lo espiritual, de acceder a una nueva etapa de su existencia. Es la escalera que conduce a un salón (la vida social), el de las relaciones sociales, el del ambiente en donde se desenvuelven las personas mayores y sus padres. Y como no conoce ese entorno tiene miedo del mismo, de ahí que busque protección y refugio en lo espiritual y místico, en las creencias religiosas recibidas. No cabe duda de que su aspecto espiritual e idealístico estaba desconcertado, escandalizado, frente al materialismo que encontraba a su alrededor; todo ello, teñido con el placer erótico para el que no había sido preparada.

17. No es extraño soñar que a uno/a le persigan fieras y monstruos y que escapa de los mismos subiendo por una escalera. Las bestias representan aquí los propios instintos de índole sexual, incontrolados, o demasiado apasionados. Escapar a través de una escalera indica que en el sujeto hay fuerza espiritual suficiente y que no está dispuesto a dejarse dominar por el instinto ni por los placeres de la carne. Sube a un nivel superior, busca el perfeccionamiento personal y los ideales elevados. Rechaza el dominio del placer, que se halla siempre en los más bajos estratos de la personalidad y la existencia.

ESTACION

psi. 1. Cuando no se trata de un sueño premonitorio o profético que anuncia un viaje real, la estación de los sueños suele representar el inconsciente, la personalidad interior y su realización con el destino. La estación de las visiones oníricas es un punto de partida —de manera parecida a la vida cotidiana— hacia pueblos y ciudades lejanas que simbolizan lugares o fines interiores del soñador, lugares que todavía no ha descubierto en sí mismo; es decir, que esa partida desde la estación representa un viaje hacia el interior de uno mismo con el fin de conocerse más a fondo, en profundidad. En conjunto, la estación aspecta que algo nuevo se está abriendo paso en el durmiente y que hay fuerzas decididas para emprender nuevos proyectos y «viajes».

2. Cuando uno sueña que está despidiendo a

alguien o a personas queridas en la estación, sobre todo cuando lo hace con gran sentimiento y dolor, como si tuviese la certeza de que no volverá a verlas, es señal de que se van a producir cambios en su vida o en su manera de pensar o sentir, y que algunas de las cosas que le eran muy queridas se irán para no volver (proyectos juveniles, ilusiones de adolescente, amistades escolares. etc.). Señala la apertura de una nueva etapa de la vida.

3. En otras ocasiones, el soñar con una estación puede ser indicativo de que uno no está actuando correctamente para llegar adonde se propone con sus proyectos, como en el caso siguiente: «Soñé que iba a buscar el tren para realizar un viaje. Cuando llevaba bastante rato de espera en la estación, sentado, leyendo, me levanté al oír la llegada del ferrocarril acercándose a la ventanilla para comprar el billete. El funcionario me indicó que de allí no partía el tren que yo señalaba y que debía ir a burcarlo a otra estación. Mientras me retiraba escuché cómo el hombre de la ventanilla comentaba con otro viajero que estaba en el vestíbulo: *¡Hay que ver lo despistados que son algunos!* Entonces, desperté». Esta visión anunciaba claramente al interesado que no estaba actuando de manera correcta en lo referente a sus decisiones profesionales y por esa razón, no iba a alcanzar la finalidad propuesta. El inconsciente, a través de ese mensaje, le hizo reaccionar: cambió su línea de actuación con lo que pronto empezó a notar rápidas mejoras en sus proyectos.

F

FLORERO

psi. Símbolo de los genitales femeninos.

FUEGO (Véase incendio)

psi. 1. El fuego de las visiones oníricas suele referirse, muchas veces, a la energía psíquica, a la fuerza vital del sujeto. Puede presentarse en diversas formas: hogueras, habitaciones en llamas, fuego en el hogar, etc.
2. Como elemento purificador, las hogueras en los sueños indican que hay deseos de quemar o desprenderse de las impurezas morales y de las escorias de la vida cotidiana acumulada en uno.
3. En el aspecto erótico, el fuego o incendio de una habitación, dormitorio, cama, etc., puede ad-

vertir de que están apareciendo en el soñador deseos incontrolados, pasiones abrasadoras que pueden perjudicar su personalidad o integridad.

FUENTE

psi. 1. Es un símbolo que está —como en la vida real— siempre relacionado con el agua, el elemento que representa el inconsciente, lo purificador, lo fecundante, lo femenino, la pureza, etc. Soñar con una fuente de la que brota un chorro de agua cristalina siempre es bueno o benéfico. Recordemos las expresiones literarias «fuente de vida», «fuente de juventud»... Si el caño de agua brota claramente y con fuerza es indicio de que se poseen fuerza y claridad interiores.

2. Soñar con una fuente seca, de la que no brota agua, no es buen augurio. Necesitamos girar una visita al psicólogo ya que ese sueño —por lo general son series de sueño—, indica que algo no marcha correctamente en nuestro interior, que la fuente del espíritu se ha secado, que existen anomalías a nivel íntimo, que algo se está muriendo dentro de nosotros. Hay que buscar las causas y subsanarlas.

G

GATA

psi. 1. Suele representar el lado felino, silencioso, solapado y, en ocasiones, hasta el lado irracional, caprichoso, agresivo e incomprensible de la naturaleza femenina que se oculta a los demás. Lo que vulgarmente se conoce por «malos instintos». Por supuesto, la figura de la gata y el gato tienen su vertiente erótica y sexual. Una mujer que reprima en exceso sus deseos eróticos puede tener sueños en que intervengan esos felinos.

2. Cuando existen problemas con gatos o gatas en las visiones oníricas, es casi siempre indicio de que algo no funciona bien, armónicamente, en las relaciones afectivas o sentimientos del soñador, con toda probabilidad en el marco familiar, pues no debemos olvidarnos de que esos felinos son animales

domésticos u hogareños aunque gozan de libertad para ir donde les place y suelen escaparse cuando apetecen aventuras.

GATO

psi. 1. Símbolo del hombre y de los peligros pérfidos y solapados del instinto sexual; sueño característico de mujeres que temen el fraude sexual. Muchas hembras que rechazan su femineidad y maternidad suelen soñar *que matan un gato,* lo que significa que repudian aquellos instintos impuestos por la naturaleza a su condición de mujer. La que sueña que un gato le muerde, evidencia que los deseos eróticos están reprimidos y piden su satisfacción.

2. En las visiones oníricas que aparecen gatos negros y gatos blancos, en armonía, evidencian que existe un cierto equilibrio entre lo espiritual y positivo (gatos blancos) y lo materialista y negativo (gatos negros). En caso de soñar con gatos blancos y negros que se pelean, el soñador/a han de examinarse a sí mismos y ver en qué fallan, pues es un sueño que evidencia un conflicto a nivel inconsciente entre ambas tendencias (positiva y negativa) y debe encontrase el equilibrio, la armonía, para no caer en exageraciones espirituales o eróticas.

3. Los gatos que muerden o arañan al durmiente también pueden advertir de problemas familiares o conyugales, por lo que deben analizarse exhaustivamente los demás elementos que intervienen en el sueño para conseguir una correcta interpretación.

c. oc.: *Soñar con un gato:* Artemidoro dice que

es indicio de adulterio cometido o por cometer, mientras que Halil-El-Masri, opina que es indicativo de traición o robo.
Gatos jugando: Visita de enemigos.
Gata con sus gatitos: Peligro de ruptura conyugal.
Gato atacando ratas: Se cobrarán atrasos o deudas.
Gato peleando con un perro: Rencillas con vecinos o colegas.
Gato en un tejado: Pelea sentimental, soledad, hay que estar alerta contra imprevistos.
Gato furioso o rabioso: Alerta contra ladrones o enemigos.
Gato negro: Solución a los problemas que se tenían, pero no de manera alegre.
Gato negro mordiendo o arañando: Riesgo de peleas conyugales o familiares; malas noticias.
Gata pariendo: Herencia, beneficios, ingresos inesperados.

GATOS O GATITOS

psi. Suelen representar los hijos que se tienen, se desean o se van a tener. También se refieren al hecho de que están naciendo nuevos instintos en el soñador/a. Una mujer que sueñe que mata gatitos es indicio de que rechaza la maternidad o la idea de tener más hijos.

GOLOSINAS

psi. Muchas vivencias y deseos sentimentales se

representan en sueños como golosinas: confites, frutas, postres, chocolate, dulces, etc.

GOLPEANDO A UN NIÑO PEQUEÑO

psi. Simboliza la masturbación masculina y puede ser un aviso, si el sueño es repetitivo, de que se está abusando de esa práctica erótica.

GORRA

psi. Simboliza, muchas veces, el preservativo o condón.

GRIFO

psi. Símbolo del órgano masculino, de la misma manera que el cubo y recipientes representan el sexo femenino.

GRUTA

psi. 1. A veces simboliza el inconsciente, la parte más recóndita del soñador. De su alma.
2. En otras ocasiones es símbolo de feminidad y de la imagen materna; incluso puede representar el útero de la madre.

H

HABITACION

psi. 1. Las habitaciones de los sueños simbolizan en la mayoría de ocasiones, a la mujer y sus genitales. Algunas veces, incluso, intervienen *llaves,* representando el falo u órgano sexual masculino. Una llave penetrando en la cerradura de una habitación es simbolismo del coito. 2. Se da también el caso de que pueda representarlo a uno mismo. Soñar que se cambia de habitación puede indicar un trueque de ideas o de actitudes frente a un problema o situación determinada. 3. Una habitación pintada de blanco representa, inconscientemente, la virginidad, la matriz, el útero, que nadie ha «mancillado», es decir, que aún es virgen. O que ha dejado de serlo según la índole del sueño.

HACHA

psi. 1. Clavándola en árboles o personas, simboliza cierta agresividad sexual inconsciente.
2. Puede representar, también, la irrupción de energías destructoras, propias o extrañas, así como una fuerza primitiva, vigorosa y destructora que habrá que analizar primero, y canalizar después; controlar sea como sea. Siempre es símbolo de alguna clase de agresividad.
3. Puede revelar una fuerte excitación sexual. Cuando se produce una visión onírica en la que aparece el hacha, deben analizarse detenidamente las causas de la excitación; algo o alguien ha despertado el apetito sexual de manera intensa.

HECHICERA (Hechicero)

psi. 1. Soñar con una hechicera, maga, mago, brujo, etc., puede indicar que se espera una solución milagrosa a un problema muy difícil e incierto.

HIJOS

psi. 1. La aparición de los hijos en los sueños paternos puede tener diferentes interpretaciones. A veces, pueden representar, precisamente, a los propios hijos. En otras ocasiones puede tratarse de un simbolismo, de «otra clase de hijos»: ideas, proyectos, ilusiones, la propia juventud... Es necesario estudiar con detenimiento cuantos elementos intervienen en el sueño para interpretarlo adecuadamente.
2. Cuando un padre sueña con su hijo real,

es necesario que ponga atención en el muchacho y que se preocupe más de él, pues el inconsciente le está advirtiendo de que algo no marcha bien con relación al chico.

I

INCENDIO

psi. Soñar con un incendio es advertencia de que existe dentro nuestro un fuego destructor, un peligro, una pasión que comienza a desbordarnos. Debe analizarse la vida propia y se hallarán las causas del incendio y la fórmula para extinguirlo.

IR DE EXCURSION

psi. Representación del acto sexual.

J

JARDIN

psi. 1. Simboliza la propia *psiquis*.
2. Penetrar en un jardín puede referirse a la necesidad que sentimos de satisfacer los instintos amorosos.
3. Se refiere también a nuestra vida interior; ordenada y desordenada según los restantes detalles del sueño.

JARRA

psi. Suele simbolizar el sexo femenino.

JOYAS (Alhajas)

psi. 1. Representación simbólica de la sexualidad femenina. (Organo genital.)

2. Se refiere también a todo cuanto de estimable y valioso existe en la persona: integridad, honradez, personalidad... Esto incluye su propio honor y la sexualidad.

3. Las joyas y las piedras preciosas pueden significar valores interiores ignorados, cuando uno las encuentra en sueños en sitios impensados.

JUGUETES

psi. Si uno se ve solazándose con juguetes puede ser indicativo de que no se ha terminado de superar la etapa infantil; probablemente por un miedo inconsciente a enfrentarse con la problemática y responsabilidades de la persona mayor.

L

LADRON (Ladrones)

psi. Las visiones oníricas en las que aparece un ladrón (o varios) entrando en la casa, dormitorio, etc., roben o no, expresan —según los psicólogos— desánimo, miedo ante un problema determinado y, en general, propensión al temor. En muchos casos, el ladrón del sueño simboliza la irrupción de una pasión nueva en la existencia del sujeto, la cual vendrá a perturbar la vida tranquila que hasta el momento llevaba el soñador; es decir, es la que *roba* la tranquilidad del durmiente.

LAGO

psi. 1. (Véanse los casos relatados en el término Agua.)

2. El símbolo más normal es el que representa al inconsciente del soñador. Así, pescar a la orilla de un lago puede referirse a la búsqueda de explicaciones a los complejos o conflictos internos que uno tiene.

3. Asimismo es símbolo del principio femenino y de la imagen inconsciente de la madre.

4. Detenerse a la orilla de un lago puede evidenciar que el durmiente tendrá que tomar decisiones perentóreas de índole personal o que hallará obstáculos en su camino.

5. Cruzar un lago sin incidentes señala que los inconvenientes o conflictos se salvarán con éxito.

6. Soñar que uno se ahoga en un lago puede avisar sobre problemas emocionales graves, enfermedad, preponderancia de los complejos, falta de decisión para desprenderse de la madre autoritaria... En el supuesto caso de que se trate de un sueño premonitorio, advierte del peligro de morir por inmersión o accidente en el agua. (Véase el caso de Luis II de Baviera —el «rey loco»— en el término *Agua*.)

7. Ver en sueños un lago por un bosque o foresta puede indicar una etapa de evolución psicológica del soñador, en la cual está preocupándose por cuestiones importantes de la existencia y busca respuestas a misterios o dudas, probablemente de tipo místico o religioso. Es un sueño que puede tener mucho de revelación o de búsqueda de la sabiduría.

8. Accidente en un lago. (Véase el término *Agua*.)

9. En el aspecto psicológico, soñar con un lago en el fondo de un valle puede indicar que la mente consciente está relegando a una posición inferior

a la inconsciente. Quizá, incluso, señale que el durmiente se está dejando dominar en exceso por el realismo materialista de la vida cotidiana.

10. En su vertiente de relación entre la vida y la muerte, la vida y las frustraciones sentimentales (no olvidemos que el agua siempre tiene una connotación afectivo-emocional), es curioso el siguiente sueño, enviado a nuestro consultorio por una chica soltera de 19 años nacida bajo el signo de Escorpión: «Soñé que iba en barca por un lago tenebroso y en tinieblas. En la barca habían dos personas más, de negro, y un féretro marrón con una cruz. Cuando íbamos navegando, una de ellas me señaló un lugar en el agua de donde salían burbujas, y me dijo que eso era una tumba, pero que estaba llena y nos fuimos a buscar otra. Había muchos lugares de donde salían burbujas. Tengo una tía y un tío que tienen cáncer, pero el sueño no sé si quiere señalarme la muerte de alguno de ellos». La respuesta que le dimos fue la siguiente: *Es posible que la enfermedad de tus tíos te haya hecho pensar en la muerte y que ello haya disparado determinados mecanismos de tu inconsciente actualizando problemas tuyos. Ese lago tenebroso representa tu inconsciente y las tumbas los lugares donde yacen sepultadas algunas de tus ilusiones. Las personas que te acompañan en la barca son aspectos de tu propia personalidad, que te dan escolta en ese viaje para indicarte como está de oscuro y triste tu interior, a fin de que reacciones y no te dejes apesadumbrar por los conflictos. El ataúd es la evidencia de que has sufrido alguna desilusión reciente. Pero la cruz, que es símbolo de resurrección, te señala que nacerás a una nueva vida, a unas nuevas ilusiones.*

En conjunto, la visión que me has relatado, me demuestra que eres algo pesimista, retraída, que te encierras demasiado en ti misma y que reaccionas con lentitud frente a los problemas que se te plantean.

La consultante volvió a escribirnos tiempo después para comunicar la muerte de sus tíos y, al mismo tiempo, indicarnos que estaba triste por un reciente desengaño amoroso y por su vida en el hogar paterno. Nos comentaba también que era muy nerviosa, introvertida, solitaria y que se deprimía con extrema facilidad; y que le gustaba escribir poesías.

Llegamos a la conclusión de que el sueño del lago tenebroso podía tener las dos vertientes o mezcla de lo personal-premonitorio, pero sin concederle excesiva importancia toda vez que sabemos que, desgraciadamente, toda persona que padece cáncer ha de morir, por lo general.

LAGRIMAS

psi. En ocasiones simboliza la menstruación.

LANZA

psi. Simboliza el pene.

LIEBRE (Conejo)

Psi. Símbolo del órgano sexual femenino.

LOBO

psi. En especial, el lobo de los sueños, simboliza una de las zonas más oscuras, astutas, agresivas y primitivas del inconsciente; los instintos que siguen en estado salvaje o incivilizado, que aún no han sido domesticados o amaestrados (o que corren peligro de una regresión al estado salvaje). Cuando aparece un lobo en sueños es necesario hacer un minucioso estudio de sí mismo y del contexto de la visión, a fin de encontrar el verdadero significado de aquélla y averiguar si el feroz inconsciente puede comportar problemas graves. Hay que averiguar si el lobo nos sigue, si existe lucha, si nos muerde, si es un lobo solitario o en camada, quién sale vencedor, etc. Como en el caso del tigre (véase el término), el lobo de los sueños representa el sexo y las pasiones más bajas y primitivas, que pueden alcanzar cotas peligrosas si no son controladas.

No hay que olvidar que todos llevamos dentro un lobo estepario, una fiera depredadora, capaz de causar daños irreparables al prójimo y a nosotros mismos si no lo controlamos convenientemente con sentido común, sentimientos elevados, cultura y deseos constructivos y sociables. Recordemos que —en parte— el legendario «hombre lobo», el *licántropo* de las leyendas y tradiciones populares, que aparece en las noches de luna llena para atacar a personas y animales, es una representación de los crímenes y monstruosidades que puede cometer el hombre que se deja dominar y arrastrar por sus instintos; por *su lobo interior*. El hombre que se deja posesionar por aquél, suele verse inducido a los más espantosos asesinatos. Los grandes descuartizadores y destripadores de la historia de la criminología, son una clara evidencia de tal posesión.

Si uno se deja dominar por los instintos y las bajas pasiones, por la agresividad antisocial, no es extraño que sueñe que es un lobo, que sigue a los lobos en sus correrías, que capitanea una manada de lobos, etc.

«Cuando un hombre se encuentra en sueño con el lobo, o lobos —precisa el doctor Aeppli—, es que tiene ante sí la tarea casi irrealizable de entenderse de alguna manera con el lobo que hay dentro de él, la tarea de controlar e impedir que desde las estepas del alma irrumpa en el país civilizado de la misma. Esto puede, por supuesto, engendrar una temible tensión... El sueño que vamos a relatar permitirá percibir el espanto de uno de estos nocturnos encuentros con el lobo. "El soñador, con motivo de asistir a un sermón sobre *el problema del Espíritu Santo en el sacrificio de la Misa,* visitó un pequeño jardín zoológico, instalado en el patio del monasterio. Armado de un látigo penetró en él viendo una serie de lobeznos de estrechas cabezas. Contento de haber establecido allí el orden y la paz, volvió casualmente la cabeza. Detrás, se hallaba una enorme loba grisácea que le miraba fijamente: se le cayó el látigo de la mano. ¡Estaba irremisiblemente perdido! Con un chillido espeluznante que despertó a sus camaradas de milicia, pudo huir del más espantoso sueño de su vida.»

2. Como mínimo, cuando se sueña con el lobo, es indicio de que en el espíritu hay en marcha una lucha o pugna con peligrosos impulsos internos que deben estudiarse y canalizarse.

3. En muchas ocasiones, el lobo de los sueños, tiene el claro significado de la sexualidad prohi-

bida o peligrosa, como en el caso de ciertas jóvenes que sueñan que las persigue el lobo (en este caso una clara alegoría al contacto sexual que desean o que el cuerpo les pide). Es curioso que la mayoría de lobos de estas visiones oníricas aparezcan de noche (véase este término), un elemento primordialmente erótico. El célebre cuento *Caperucita Roja* de los hermanos Grimm, no es nada más que una representación simbólica de los peligros sexuales que acechan a las jóvenes inocentes e imprudentes que se atreven a internarse solas por el peligroso bosque de la vida.

4. El sueño que seguidamente transcribimos fue enviado a nuestro consultorio por un hombre casado, melancólico, de 63 años: «Con cierta frecuencia sueño con lobos que me atacan y lo paso muy mal. Me despierta mi mujer, sobresaltado y con angustia. Cuando consigo dormirme de nuevo, a veces, vuelvo a soñar que me atacan, pero esta vez son perros. ¿Pueden tener relación esos sueños con un mal amor que tuve hace muchos años y que frecuentaba esas misma zonas donde me atacan los lobos? Me arrepentí, pero me costó mucho trabajo olvidarlo». Ante la imposibilidad de mantener un cambio de impresiones para clarificar el tipo de relaciones que tuvo en el pasado y otros pormenores, dimos la siguiente respuesta: *Es probable que esas visiones, esas pesadillas, tengan relación con su vida anterior, con su antigua pasión, pero en el sentido de haberse dejado llevar por los instintos. Los lobos y los perros de sus sueños representan tendencias agresivas y primitivas de su carácter, de su personalidad, las cuales pugnan por adueñarse de su voluntad. Ello quiere decir que en su naturaleza, en su inconsciente, aún merodean*

algunos instintos en estado salvaje, que pueden convertirse en feroces. Por supuesto, esos impulsos son de naturaleza sexual. Y por las causas que sean, ahora están reviviendo con fuerza en su interior. El hecho de que lobos y perros le ataquen en los lugares que solía frecuentar su «mal amor», es harto significativo: los errores de entonces pueden volver a repetirse.

Es cuestión, por tanto, de domar esos instintos, de mentalizarse sobre que uno es fuerte y puede vencer las tentaciones y las pasiones; sólo los torpes e imbéciles se dejan dominar por ellas. Todos llevamos dentro un lobo estepario y un perro salvaje, una fiera depredadora que puede dañarnos a nosotros y a los demás... Los lobos y los perros de sus sueños indican que en su interior hay una lucha entre la conciencia y algunos impulsos primarios. Debe, por tanto, luchar sin asustarse contra ese lobo estepario del inconsciente, pero en el sentido de domarlo, de amaestrarlo, de amansarlo... Destruirlo es imposible.

5. Otro sueño con presencia de ese mamífero carnicero es el que tuvo un joven en el que empezaban a cobrar fuerza los deseos sexuales: «Hace varias noches que vengo soñando con un ser extraño... Tiene el cuerpo de un ser humano, pero su cabeza es la de un animal (perro, lobo); el cuerpo está cubierto por un hermoso pelo negro y sus ojos son grandes, redondos y muy blancos. Siempre aparece detrás mío; nunca me habla ni me ataca. Al contrario, da la impresión de sonreírme».

6. En otras ocasiones, el lobo estepario de los sueños puede denunciar la excesiva soledad en que se encuentra el durmiente, especialmente si hay mucha tendencia a rehuir el trato social. En este caso, el lobo

es una alegoría de la independencia a ultranza, de la renuncia a convivir con los demás, a rechazar las obligaciones sociales y familiares. Es la lucha en solitud, el rechazo al orden establecido, la búsqueda de la satisfacción propia, la atracción por el primitivismo, el rehuir el amor y la confraternidad, que en casos excepcionales puede encerrar una preocupación metafísica del ser humano, como el Harry Haller de la estraordinaria obra de Hermann Hesse, *El lobo estepario,* cuando dice: «Quisiera yo vencer dentro de sí al lobo y vivir eternamente como hombre, o, por el contrario, renunciar al hombre y vivir, al menos, como lobo, una vida uniforme, sin desgarramientos».

7. Cuando una mujer sueña que el lobo la persigue y es muerto por los pastores, alguaciles, policías, etc., indica que está reprimiendo sus apetitos sexuales o que teme dejarse llevar por sus apetencias eróticas.

LOTERIA

psi. Esperanzas o proyectos inciertos o poco seguros, que dependen del azar, de un golpe de suerte, más que de la voluntad y el esfuerzo de uno.

LL

LLAVE

psi. Símbolo del pene. (Véase, Habitación.)
También puede simbolizar la clave de algún problema o la llave que abre la cámara secreta donde guardamos valores y facultades que aún no hemos utilizado.

LLUVIA

psi. En ocasiones, representa un desconsuelo inconsciente. Puede equipararse al llorar.

M

MACETA

psi. Genitales femeninos.

MANCHA

psi. Reproche moral por alguna acción que se considera pecaminosa.

MANZANA

psi. Símbolo de los placeres amorosos y de la mujer.

MAR

psi. Simboliza el inconsciente, la fuerza psíquica interior, el océano interno de la vida, la gran madre, el mar de los sentimientos interiores. (Véase, Agua.)

N

NABO

    psi. Símbolo del pene.

NARIZ

    psi. La mayoría de las veces, el pene.

NIÑO

    psi. 1. Son frecuentes los sueños en que uno se ve en su etapa inicial de la vida: de niño. Y en los lugares donde transcurrió su infancia. Por lo general, este tipo de visiones oníricas indican o simbolizan zonas psicológicas infantiles no desarrolladas en nosotros; reflejan la falta de experiencia o impericia de nuestra personalidad. Estos sueños acostumbran a presentarse cuando nos enfrentamos con determinados problemas o conflictos de la vida cotidiana y tenemos el miedo inconsciente (o consciente) de no saber resolverlos. O, incluso, rehuimos el enfrentarnos a ellos. Estas visiones pueden advertirnos del peligro de aferrarnos a ciertos infantilismos inconscientes. De ahí que Pierre Real precise que tales sueños nos dicen: *Quieres huir de tus dificultades actuales regresando al hogar de tus padres, donde ninguna responsabilidad recaía sobre ti.*

Un ejemplo de esos sueños es el siguiente: «Casi todos los días sueño con el pueblo donde viví de niña (entre los 11 y 17 años) y siempre me veo en la misma casa, que ya no existe, pues fue derribada. Es aquella en la que yo vivía con mis padres. Llevo teniendo este mismo sueño desde hace años». A falta de mayores datos dimos la siguiente interpretación: «Es evidente que existe dentro de ti una obsesión de tipo infantil por la época que viviste en dicha casa con tus padres. Ello demuestra —puesto que llevas años soñando lo mismo— que no has roto los lazos con tu adolescencia y que TE REFUGIAS DEMASIADO EN LOS RECUERDOS PATERNOS del pasado. Y esas continuas evocaciones se deben a que tu vida actual, PRESENTE, no te satisface, y deseas fervientemente el regreso al pasado, para eludir los problemas que tienes ante ti. No estás preparada para dar la cara a los conflictos que te plantea la vida actual. Por supuesto, NO ES BUENO NI CONVENIENTE PENSAR NI SOÑAR TANTO CON EL PASADO, ya que evidencia que hay excesivo infantilismo en tu carácter, que no has madurado bastante. Por ello, para evitar que esos sueños se repitan (se repiten porque sigues sin solucionar el conflicto de tu interior), es necesario que CULTIVES Y DESARROLLES más tu personalidad por medio de la lectura, el estudio y los contactos sociales, no encerrándote en ti misma. Es importante, pues, que adquieras VALOR y seguridad en ti y te preocupes más del futuro. Debes olvidar y desterrar de tu mente esos años vividos en dicha casa. Piensa más en el porvenir y en lo trascendental de la existencia. Así que adquieras mayor seguridad en tus propias fuerzas desaparecerán esos sueños.

2. En algunos casos, muy pocos por cierto, pueden reflejar el deseo de los hijos o hijo que se desea tener.

3. Los niños pequeños de las visiones oníricas también pueden representar, en determinadas ocasiones, los órganos genitales masculinos. Recordemos la costumbre de algunas personas que al referirse al órgano sexual del varón emplean la metáfora: «mi pequeño», o «mi hermano pequeño». Así, jugar con un niño chiquito, o pegarle —según estima Freud— es, con frecuencia, una representación onírica de la masturbación.

4. Otras veces, los niños de los sueños indican que el durmiente se encuentra en un conflicto y que trata de buscar la solución al mismo. En estos casos, el niño del sueño, puede tener el significado del comienzo de algo nuevo, de volver a nacer, de poner en marcha nuevas ideas y procedimientos, de iniciar una nueva vida. De ahí, que el simbolismo más corriente de los niños de los sueños sea el de «nuevos proyectos e ilusiones», y el menos común, el del embarazo o de que se va a tener un hijo. Esto se pone claramente de manifiesto en el hecho de que

muchas mujeres, a pesar de tener sesenta, setenta y hasta ochenta años, siguen soñando que tienen niños, que dan a luz, que los amamantan, etc. Eso quiere decir que, pese a la edad, aún se tienen proyectos e ilusiones y se confía en poder realizarlos. Un sueños típico de esta subclase es el siguiente (referido por una mujer de 47 años): «Sueño mucho con niños pequeños a los que quiero y cuido mucho». Al margen del trasfondo erótico que pudiera haber en tales visiones y de que la mujer pudiese llegar a suponer hasta el embarazo, dimos la siguiente interpretación: «Esos sueños no quieren decir que vayas a ser madre. Indican que aún tienes ilusiones y proyectos, que luchas por ellos y deseas cambios en tu vida. Los niños representan aquellas partes de tu personalidad que anhelas desarrollar, aquellos ideales y ansias que no quieres dejar morir y que te gustaría ver crecer. En otras palabras, son los HIJOS DE TU ESPIRITU Y TU MENTE. Presagio: que debes desarrollar y alimentar aquellos estudios e ideas que te gustan o deseas».

5. En otras ocasiones y según los pormenores de los sueños, simbolizan el miedo o temor o mensaje del inconsciente, sobre que va a frustrarse un proyecto o ilusión. No es extraño, entonces, que los niños de los sueños corran peligros, enfermen o mueran, lo que aterra a los soñadores/as cuando son padres, pues temen por la vida de sus hijos; como en el caso siguiente (relatado por una madre): «Vengo soñando de manera repetida con niños. Tengo cuarenta años y no creo que vaya a tener más. Temo que a mis hijos les vaya a suceder algo malo. En uno de los sueños vi que estaba en una clínica y que en la cama del

lado había una chica para dar a luz; esa muchacha, que no tenía familia, murió en el quirófano dejándome a su hijita recién nacida para que cuidase de ella».
Ante la imposibilidad de obtener detalles personales y familiares de la soñadora, llegamos a la conclusión de que esos niños representaban las cosas e ilusiones que le gustaría llevar a cabo, con muchas probabilidades de «resucitar» algún proyecto de cuando era joven (representado por esa chica desconocida), edad en la que debió pasar un fuerte desengaño o frustración y todavía alimentaba esperanzas de rehacer el proyecto.

Un caso parecido es el siguiente (enviado por otra madre preocupada): «Soñé que mi hijo pequeño, de dos años, era muerto por un coche que escapaba corriendo sin atender mis gritos de socorro. ¿Corre peligro mi hijo?». La respuesta que ofrecimos es la de que su inconsciente había dramatizado algún problema conyugal o familiar, alguna ilusión que no se llevaría a cabo, probablemente de tipo económico-matrimonial.

6. En otros casos, los niños como «fruto del amor», suelen simbolizar las relaciones sentimentales que se desean o, simplemente, el hecho de que se ansía ser amada, como en el caso siguiente: «Sueño a menudo con niños pequeños. Los tengo en brazos y me besan o van a donde yo estoy». Estas visiones oníricas las tenía una joven soltera de 19 años, con problemas familiares y un amor imposible. Desde el punto de vista de Freud, incluso podríamos dar a esos niños una representación fálica.

7. No faltan las ocasiones en que se quieren relacionar los sueños de niños con percances o enfer-

medades a padecer por los hijos, como en el caso siguiente (referido por una madre de 44 años): «En casi todos mis sueños aparecen niños que no he visto en mi vida, y siempre que ello sucede se pone enfermo uno de mis hijos; con catarro o cosas por el estilo. Tengo cinco. Nunca he tenido suerte». Seguro que no todos los sueños en que esa señora vio niños coincidieron con enfermedades posteriores de sus hijos, pero sí que éstos son los que recuerda, por su importancia. Faltan detalles de cada sueño para poder pronunciarse de una manera concreta y veraz. Pero no cabe duda que los niños de esas visiones oníricas tenían un significado psicológico y reflejaban multitud de proyectos que no se realizaron o se fueron al agua; como muy bien ella dice al final: *Nunca he tenido suerte.*

Asimismo, hay que aclarar que la mujer que sueña demasiado con niños pequeños o bebés a lo largo de su existencia, es indicativo de volubilidad y de pensar a la vez en demasiadas cosas y proyectos. En tales casos, el inconsciente puede estar señalando: *no divagues tanto, no quieras tantas cosas, concéntrate en un proyecto o conduce tus energías en una sola dirección si quieres recoger frutos.*

O

OIDO (Oreja)

psi. 1. La mayoría de las veces, el simbolismo es erótico. Según Graham Masterton, si un hombre sueña que está intentando introducir su pene dentro del oído de una muchacha que conoce, puede significar que a él le gustaría hacer el amor con ella pero que carece de la valentía para aproximársele directamente. Además, este tipo de visión onírica, puede indicar que se encuentra frustrado en el campo sexual, pues aunque el oído es una abertura íntima, en la realidad no es útil para la relación sexual.

2. Masterton es también de la opinión que cuando una muchacha sueña que un hombre ha eyaculado en el interior de su oído, significa que está preparada para sufrir el contacto sexual con ese sujeto pero que no desea verse sentimentalmente ligada

a él; es decir, que lo desea para un rato de placer, pero no para compartir su existencia emocional y matrimonial.

OJOS

psi. La mayoría de las veces, cuando es una fémina la que sueña con ojos redondos y sobresalientes, simbolizan los testículos.

OLAS

psi. (Véase el término Agua.)
En ocasiones, representan las fuerzas no denominadas del inconsciente, los deseos incontrolados que empiezan a cobrar vitalidad en el interior, tempestades internas (casi siempre de aspectación erótica o sentimental).

ORINAR

psi. 1. Puede ser un sueño fisiológico de descarga, es decir, tener la necesidad de despertarse e ir al mingitorio. Esta necesidad, en ocasiones, se mezcla en un sueño para matizar aspectos psicológicos e, incluso, premonitorios.
2. Otras veces es símbolo de depuración psíquica u orgánica, en que el sueño advierte de que ya estamos eliminando aquellas cosas que nos contaminan o perjudican.
3. Un hombre soñando que orina en público puede representar una agresividad sexual exhibicionista o reprimida; hasta puede tratarse del símbolo de

algún complejo de lo que le gustaría hacer y no se atreve a realizar. Por lo general, necesidad de deslumbrar a las mujeres, como el niño que quiere sorprender a las niñas mostrándoles su «instrumento».

4. La orina roja o con manchas de sangre, puede ser anuncio de alguna enfermedad. Recordemos que la sangre en sueños no augura nada bueno, esté mezclada con un símbolo u otro. Al respecto, un sueño curioso es el siguiente (tenido por un hombre): «Sueña que ha de salir del despacho para ir a orinar, y al hacerlo, van cayendo grandes manchas de sangre junto con la orina. Se impresiona a sí mismo y piensa que debe estar muy mal». Despertó muy impresionado. El mismo día, se presentaba un cartero en su casa con un giro postal de varios miles de pesetas, pago que le ofreció con billetes de DOS MIL, de color rojo; a medida que el funcionario iba dejando caer los billetes rojos, el hombre se dijo a sí mismo: «mira, la meada del sueño». El sueño fue positivo. Pero lo sorprendente se produjo cuando el cartero, dos días después, tenía un derrame cerebral siendo ingresado en un centro sanitario en grave estado, donde falleció a los dos meses. ¿Podemos considerar este sueño como premonitorio, como que intentaba advertir al soñador de que el hombre que le traía los billetes rojos iba a caer enfermo? Que cada uno piense lo que sus conocimientos le dicten. De todas maneras, al margen de los beneficios económicos que recibió aquel día el soñador (llegó el giro cuando estaba apurado de dinero), es verdad que veinticuatro horas después tuvo malas noticias personales con relación a un proyecto, aunque de tipo leve.

c. oc.: *Orinar:* Se aliviará una situación difícil o

complicada, sea personal, monetaria o profesional.

Hombre que se orina en una pared: Vienen beneficios o se harán buenos negocios.

Orinarse en la cama: Dinero u operación comercial que se retrasa; conflictos en el hogar o matrimonio.

Mujer orinando: Peligro de aborto o de rompimiento de relaciones.

Soñar que se beben orines: Curación de enfermedad; vida larga.

Ver orinar a otros: Vendrán beneficios o colaboraciones.

P

PADRE

psi. 1. La figura del padre es muy normal y corriente en los sueños, tanto de adolescentes como de personas mayores que ya lo han perdido. En general, el padre, simboliza la autoridad familiar, la tradición, el poder, las reglas, las normas, el protector, el consejero, el guía, el sostén de la familia, la voluntad, la conciencia viva y activa, la virilidad, la masculinidad, el punto principal de engarce con el mundo exterior y los aconteceres y peligros mundanos...

Según aparece el padre en sueños, indica las relaciones conflictivas o armónicas con respecto al soñador en la vida cotidiana.

En los sueños femeninos, la figura onírica del padre acostumbra a simbolizar su idea del modelo de masculinidad, que se desea (o admira) o que se rechaza (u odia), según los detalles del sueño. También suele reflejar el comportamiento ético o moral de la soñadora, sobre todo si la figura paterna es recriminatoria o severa (el padre representa en este caso a la conciencia). El padre de los sueños suele, asimismo, indicar la trayectoria de los pensamientos, acciones y proyectos de la soñadora.

En los sueños masculinos, como indica Janice Baylis, suele ser la imagen del modelo o prototipo de hombría a imitar, sobre todo cuando uno se recrea con aquélla. Si se rebela o lucha contra ella, puede reflejar el antagonismo de ideas o pensamientos, o lo que se desprecia del padre. En otros sueños, el padre es simbolismo de la conciencia y puede aparecer en sueños para recriminar las malas acciones de uno y el temor al castigo.

2. Cuando se pasan tribulaciones o uno está angustiado por temores o problemas es normal que la figura del padre (esté vivo o muerto en la vida real) se aparezca en los flashes oníricos como simbolismo del consejero, del guía del protector o maestro que uno necesita en aquellos momentos. Estos sueños acostumbran a encerrar un mensaje positivo referente a la preocupación del soñador. Viene a decir que uno cuenta con apoyos firmes y que superará los problemas que le agobian. Es corriente que en la época de estudios y exámenes, sean muchos los jóvenes que sueñan con el padre como representante del consejero, maestro y tutor que le ayuda a uno. Y al mismo tiempo la figura del padre puede simbolizar el guía de nuestro inconsciente, las fuerzas interiores que nos ayudarán o con las que podemos contar, si la representación paterna es positiva y fraternal.

3. La imagen del padre también aparece en sueños cuando empieza a cobrar fuerza el *proceso de individualización,* cuando los adolescentes empiezan a madurar en la búsqueda de su personalidad, responsabilidad y libertades. entonces, la figura del progenitor en sueños puede aparecer como «enemigo» o «antagonista», puesto que en la vida cotidiana es quien nos controla, dirige, pone cortapisas a nuestros deseos y libertades y nos impone su voluntad.

4. En otros sueños, la figura paterna suele representar la admiración o afecto que uno siente por su maestro, entrenador, guía espiritual, etc.

5. Religioso. (Véase Sacerdote.)

6. En ocasiones, el padre también puede figurar en visiones oníricas de carácter profético o premonitorio, como en el caso de una joven que soñó de manera muy viva y angustiosa a su padre estirado en una bañera llena de sangre. Despertó sobresaltada, y al poco tiempo el padre contrajo una enfermedad que le condujo a la muerte.

c. oc.: *Soñar con el padre estando muerto:* Alegría.

Soñarlo muerto estando vivo: Penas o desdichas.

Soñar que se discute con él: Contratiempos y conflictos.

Soñar que el padre difunto viene a llevárselo a uno: Advertencia de que hay enemigos o fuerzas que nos quieren mal.

Soñarlo con vida estando vivo: Buenas noticias o alegrías.

Soñar con el padre de otros: Cuidado con las falsas amistades.

Soñar con el padre alegre y feliz: Probable pérdida monetaria o negocios que saldrán mal.

Soñar con la muerte del padre: Percances y conflictos.

Soñar con un padre austero y de pocos recursos: Se cumplirán los deseos.

PAJARO

(Véase Ave.)

PAÑUELO

psi. Genitales femeninos.

PARAGUAS

psi. Genitales masculinos.

PECES DE COLORES

psi. En algunos casos suelen representar ilusiones, pensamientos, deseos y tendencias, sobre todo de tipo sentimental, en la mujer.

PELIGRO

psi. 1. Las visiones oníricas de peligro suelen reflejar los temores de no hallarse preparado para hacer frente a una situación determinada, o no estar capacitada para asumir los cargos o responsabilidades que se ambicionan. Estos temores incluso pueden llegar a ser un mensaje claro del inconsciente, que le indica a uno «no vayas por ese camino pues acabarás estrellándote; no estás todavía dispuesto para ello». Este mensaje ha sido elaborado por el gran ordenador mental después de cotejar los datos e informaciones de la actuación cotidiana que le vamos suministrando con nuestro proceder y reacciones. En otros órdenes, puede reflejar los temores a caer en bajas actitudes o realizar actos sexuales contra los que hemos sido prevenidos por la moral social o religiosa que en su día se nos inculcó. Consultad los términos: Tren, Acantilado, Ascensor, Persecución y Ladrón.

2. Los sueños de peligro pueden adoptar las más diversas formas y contextos, como en el caso que relatamos, protagonizado por un hombre de 39 años: «Sueño siempre que estoy en peligro, pero salgo victorioso. Subo al tren al ponerse en marcha y quedo colgado en el vacío sin ocurrirme nada; o entro en el ascensor, se abre la puerta, tengo que agarrarme a la barra y subir hasta el ático y no me caigo al vacío». Interpretamos estos repetidos sueños como evidencia de inseguridad en sí mismo para lograr los proyectos en vías de realización. Inseguridad que suele estar relacionada con los conocimientos que uno tiene e, incluso, con su coraje o fortaleza interior. Nuestro consejo fue que debía estudiar, aprender, leer y cultivarse más, a fin de adquirir una mayor confianza en sí mismo, en la propia valía, y hacer que las cosas le fueran mejor, toda vez que tanto el tren como el ascensor son vehículos que están relacionados con el destino y la situación de uno en la sociedad.

3. Otro caso de sueño de peligro es el que explica el profesor M. Rojo Sierra, colaborador del *Primer Simposium Internacional del Sueño* (1984),

de la siguiente manera: «Un joven soñaba repetidamente que cruzaba un puente frágil sobre un río y se le caía en la corriente una llave o medalla: en seguida aparecía un grupo de hombres que lo atracaban». La reducción eidética dice de este sueño: *Te romperán tu propiedad y orden si pierdes aquello que puede protegerte,* pues la medalla es protección contra lo diabólico y la llave lo es de estar seguro dentro de casa. Obviamente, hoy en día, dados los condicionamientos en que vivimos, dada la crisis actual, con proliferación de robos, atracos y asesinatos, muchas veces no son estos sueños sino ensueños corrientes. Pero siempre han de prevenirnos, pues nos avisan de imprudencias, exceso de confianza, a resultas de los cuales nos pueden hasta asesinar, asesinar algo de nuestra propia alma.

A este sueño, nosotros podemos añadir que el conflicto de este joven era de tipo sexual-afectivo, de antagonismo entre sus tendencias morales y eróticas (o tentaciones inducidas por el medio ambiente). El mensaje, en resumen, podía expresarse así: «como cruces el puente entre las dos orillas de la sexualidad y prescindas de tus valores morales (simbolizados por la medalla y la llave) serás atacado y destruido por las pasiones y las malas compañías».

c. oc.: *Verse evitando peligros:* Se pasarán dificultades.

Ver una persona amada en peligro: Alerta fracaso.

PERSECUCION

psi. Cuando uno/a es perseguido en sueños,

suele representar la existencia de impulsos instintivos interiores que no son aceptados.

PISTOLA

psi. Representación de los órganos genitales masculinos.

R

RATA

psi. 1. Peligro de que las fuerzas vitales del sujeto están siendo carcomidas.
2. Símbolo sexual y erótico.
3. Ania Teilhard advierte que los sueños de ratas y ratones suelen significar que en la vida del durmiente hay algo desgastado por el tiempo, pronto a desaparecer. Se les asocia con la idea del tiempo y, con él, la de los lamentos o del remordimiento.
4. Una rata puede indicar o referirse a un individuo que se está aprovechando de uno; puede tratarse de una hija, tía, un hijo u otro familiar que explota al soñador o que consume sin trabajar. Una rata grande puede ser simbolismo de una madre dominante que le carcome a uno.
5. También puede representar los «sentimien-

tos rencorosos» que le están royendo a uno y los temores de que algo pueda torcerse en la familia.

RATON

psi. 1. A menudo, sueño premonitorio que nos advierte de que nuestras fuerzas vitales y nuestra salud sufren deterioro. Puede advertir de una enfermedad en marcha. Hay que analizar, entonces, el comportamiento de nuestro cuerpo.
2. Símbolo sexual fálico.
3. Representación de las circunstancias irritantes de la vida.

RELLANO (De escalera)

psi. Puede simbolizar una inhibición neurótica que dificulta las relaciones sexuales.

REVISOR

psi. Suele aparecer en los sueños en que uno viaja en *tren* o *autobús*. (Véanse ambos términos y también, Billete). Representa nuestra conciencia, nuestra autoridad y moral interiores. Aparece en sueños para «revisar» nuestro billete, es decir, nuestro comportamiento en sociedad y para situarnos exactamente en el lugar que merecemos, ya sea más alto o más bajo. Y no se le puede sobornar. Gracias a sus indicaciones el soñador puede comprender que algo no marcha bien, que está haciendo cosas que no le convienen.

RIO

psi. 1. El río de los sueños representa la mayoría de las veces el *río de la vida,* el *curso de la existencia,* el *correr del destino,* y la variedad de sus paisajes oníricos corresponde a las peripecias de nuestro destino o a la idea que de él tenemos en el inconsciente. Al respecto, Raymond de Becker, nos dice: «Los antiguos papiros egipcios aseguraban que sumergirse en un río era recibir la absolución de todos los males, sin duda porque el que se sumerge en la gran corriente de la vida deja tras de sí los escrúpulos o sentimientos de culpabilidad que pueden trabarlo o atormentarlo. Con respecto a las *Claves de los Sueños* árabes, el río suele representar a un hombre grande o pequeño, proporcional a su tamaño. La importancia mayor o menor del río soñado puede representar la importancia más o menos grande del destino del soñador».

2. El río de los sueños también representa lo masculino y lo paterno, probablemente a causa del trazado imperioso que atraviesa a la tierra (símbolo de la madre, de ahí el nombre de la madre tierra), al poder y a la majestuosidad que de él se desprenden y a su fuerza e ímpetu (no olvidemos la furia de los desbordamientos).

ROCA

psi. 1. Puede simbolizar la solidez, la grandeza, la firmeza, la dureza, la resistencia (sea del soñador o de otros personajes de la visión).

2. Otras veces, simboliza nuestras preocupa-

ciones y los obstáculos que interfieren nuestro camino.

3. En sueños femeninos, a veces, es un símbolo fálico; es decir, representa el miembro masculino.

ROMPER

psi. 1. Significa muchas veces la desfloración o pérdida de la virginidad: delantal roto, polvera rota, puerta rota...

2. El soñar un hombre que se rompe una pierna puede reflejar sus problemas de impotencia o falta de virilidad. Es un símbolo de castración.

S

SERPIENTE

psi. 1. Puede representar cierta agresividad personal contra determinados sujetos.

2. En ocasiones, simboliza aquellos conocimientos ocultos, secretos o peligrosos, que uno rechaza o no se atreve a adquirir.

3. La mayoría de las veces —sobre todo cuando son las hembras quienes sueñan con serpientes— tiene un simbolismo fálico, o sea, re refiere al miembro viril.

4. Soñar que se mata una serpiente señala que se están rechazando las inclinaciones o tendencias a las que el sueño alude, por lo general, eróticas.

T

TIGRE

psi. El tigre de los sueños, al igual que el que puebla la selva de la vida real, representa la agresividad, la soledad y la fuerza primitiva, destructora e incivilizada. El tigre genuino es despiadado y carnicero, es la bestialidad instintiva. Por ello, cuando un tigre aparece en sueños, hay que analizarlo detenidamente, porque el inconsciente puede estar advirtiendo de que el soñador se está dejando llevar por sus instintos, por su agresividad, por el aislamiento, por la falta de mesura, por los impulsos primarios, por la incivilización... Es el momento de hacer análisis de la vida privada y luchar por controlar las pasiones, vicios e instintos. En este aspecto, el tigre de los sueños es aún más peligroso que el lobo (véase ese término). Un sueño que refleja el amaestramiento del tigre de los sueños es el siguiente: «Soñé que aparecía un tigre que nos asustaba a todos. En el sueño se mostraba factible de amaestrar. Lo hacíamos ir por un pasillo, en cuyas paredes nos poníamos. El tigre pasaba por él, rozándonos, pero sin atacarnos». Este sueño señalaba los deseos y fuerza espiritual del soñador por controlar sus deseos sexuales y no dejarse llevar por la bestialidad erótica de su medio ambiente.

TORO

psi. 1. El toro —o toros— que aparece en los sueños representa la vitalidad y la fuerza de los instintos en sus variadas formas, sobre todo los deseos sexuales y de procreación, tanto si se trata de sueños de varón o hembra. Según como se presente el toro en la visión onírica revela el estado de las energías del durmiente y de su potencia sexual.

Soñar con un toro suelto y salvaje, suele indicar que la vida instintiva del soñador se está haciendo acuciante o corre el peligro de quedar desenfrenada. Simboliza la excitación de los sentidos eróticos y la fuerza sexual e imperiosa, primitiva, que hay que saber sofocar, «torear», para que los instintos no se desborden y le corneen a uno. El «lidiar» (domar) el toro de los sueños es símbolo de que la educación y la moral están canalizando los instintos de manera controlada y civilizada.

Pero tampoco hay que caer en exageraciones a la hora de «domar» los instintos sexuales ya que entonces, puede producirse un choque o conflicto a nivel inconsciente y el soñador puede verse asaltado o perseguidos por toros salvajes muy violentos.

2. En el hombre suele representar el impulso sexual masculino, los instintos refrenados o contenidos que desean desligarse y cobrar protagonismo, como en el caso siguiente (relatado por un joven de 27 años): «Sueño frecuentemente con un toro. Trato de avisar a la gente de que se ha escapado un toro; si veo a alguien en peligro hago por llamar la atención del animal para que la persona tenga tiempo de ponerse a cubierto. Después, despierto con gran nerviosismo». A esta visión onírica dimos la siguiente respuesta: «En sueños reiterativos con el toro no amenazan peligros, al menos, los que la gente pueda imaginar. Son visiones oníricas de contenido sexual, cosa lógica a tu edad. Ese toro simboliza las fuerzas de tu instinto, tu vitalidad erótica y procreadora. Son índice de potencia, pero al mismo tiempo señalan —al ser tan repetitivos— que tus instintos sexuales están refrenados o contenidos y que corres peligro de que se *desenfrenen* o suelten, es decir, que cometas *alguna locura amorosa,* que te dejes llevar por la pasión del sexo (al final) y tengas posteriores complicaciones.

»Los deseos de salvar a la gente de la agresividad del toro indican que deseas hacer el amor pero al mismo tiempo no quieres herir a los demás ni causarles daño. El peligro está, entonces, en que los deseos te dominen y te dejes arrastrar por ellos. De una parte, es necesario domesticar el toro (tus instintos), y de otra, dar satisfacción al organismo para que el toro interior se tranquilice, sea por el acto normal a nivel de pareja o por la masturbación. Los deseos eróticos reprimidos no acostumbran a ser buenos consejeros.

3. Veamos otro sueño, tenido éste por una mujer de 44 años; mezclando esta vez los toros con serpientes (otro símbolo sexual fálico) en la visión onírica. Nos escribió lo siguiente: «Suelo soñar con frecuencia con serpientes pequeñas y grandes. También en esos sueños aparecen *toros bravos* que me persiguen y hasta suben las escaleras en pos de mí. ¿Qué significa todo esto? Tengo mucho miedo».

Esta fue nuestra respuesta:

«No debe experimentar temor frente a esas visiones oníricas, puesto que nada malo va a sucederle. Esos animales no son otra cosa que símbolos de los deseos que hay en usted, en su naturaleza. Ya hemos dicho varias veces que las serpientes y los toros representan las necesidades sexuales, los instintos de la pasión. Cuando una persona se reprime en exceso con respecto a la satisfacción de sus apetencias carnales, es normal que tenga sueños de esa naturaleza, sobre todo en primavera».

4. Soñar con un toro tumbado, enfermo, herido, etc., puede advertir de problemas de vitalidad y sexuales, sobre todo si el soñador es un hombre.

5. Luchar con un toro simboliza los esfuerzos que hace la persona por controlar sus instintos sexuales e impedir que se desborden y dominen su vida. (Véase el término Corrida de Toros.)

6. El toro también puede representar, en algunos sueños, la agresividad o espíritu dominante del padre, de la madre, del marido, de la esposa, de las hermanas u otros familiares con los que se conviva. En este caso, el soñar que uno trata de evitar el acoso de uno o varios toros suele referirse a la falta de armonía, las imposiciones y la agresividad que el

durmiente debe sortear o soportar de los demás. Ese toro representa, pues, a las personas principales de mal carácter que le rodean a uno. Para comprender a fondo el significado deben analizarse todos los elementos y detalles que intervienen en la visión onírica.

c. oc.: *Un toro hermoso o bravo:* Se recibirán declaraciones amorosas. Matrimonio temprano. Beneficios inmediatos o golpe de suerte en los juegos de azar.

Soñar con una manada de toros: Buenas noticias profesionales o económicas.

Ser perseguido por un toro: Galán a la vista y posibilidades de recibir algún regalo o buena noticia (cuando no se trata de un sueño psicológico).

Toro furioso o salvaje: Peligro de conflictos con superiores o jefes. Malas noticias.

Toro que habla: Enfermedad o malas noticias.

Toro corneando al soñador/ra: Peligro de accidente, robo, agresión o enfermedad.

Toro pacífico y hermoso: Se conseguirá lo que se desea.

Toro muerto: Enfermedad grave, muerte en la familia, malas noticias económicas.

Asistiendo a una corrida: Peligro de embarcarse en negocios inconvenientes, propuestos a buen seguro por amistades.

Toro blanco: Anuncio de beneficios, honores, alegrías y bienes materiales sólidos.

TREN

psi. 1. El tren, en sueños, tiene tanta importancia

como en la vida cotidiana. Simboliza la energía, la potencia, la vitalidad y la capacidad psíquica del soñador y, al mismo tiempo, el trayecto o rumbo de su vida en relación a sus proyectos, realizaciones, la sociedad y el medio ambiente. El tren de las visiones oníricas sigue los trayectos más insospechados y exóticos y se presenta de mil formas y aspectos, denunciando las tensiones, conflictos y problemas, que embargan el espíritu del durmiente y repercuten en su modo de actuar y desarrollo de la personalidad. Se ha comparado, infinidad de veces, en obras literarias, a la vida con un tren de vagones de distinta categoría, y es precisamente en los sueños donde ese simbolismo queda plasmado con toda fidelidad. El tren de los sueños nos informa —a través de sus imágenes, alegorías y del estudio de otros elementos vinculados, al mismo, como ESTACION, BILLETE, REVISOR, VIA FERREA, LOCOMOTORA, PASAJEROS... —de nuestros objetivos más íntimos, de nuestros proyectos, ansias de protagonismo, ambiciones y, al mismo tiempo, sobre nuestros temores, complejos, dudas, titubeos, problemas y conflictos a nivel de inconsciente.

El doctor J. R. de Otaola, en su meritoria obra *El análisis de los sueños,* da a conocer varios de muy curiosos en relación con el simbolismo del tren como trayectoria del propio destino en relación con la colectividad y los conflictos inconscientes que provoca ese contacto o conexión de los que entresacamos el siguiente: «Me encuentro en la vía muerta de un terminal de ferrocarril, donde hay varios vagones del convoy que debería salir a aquella hora. Pero falta la locomotora. Es una estación rural. Nada hace que la locomotora vaya a venir. Tampoco me importa mucho. Me encuentro bien aquí».

No es difícil interpretar este sueño. Al durmiente le faltaba coraje, fuerza, incentivo o ilusión para la vida activa o para luchar por sus proyectos. Prefería la existencia sedentaria, sin complicaciones y el estar inactivo, antes que estudiar, trabajar o sacrificarse. Pasaba por una fase de depresión abúlica que iba a durar (no se vislumbraba la llegada de la locomotor: *su fuerza interior*).

2. Como en el caso que sigue, el tren también puede evidenciar que el soñador sabe —sobre todo a nivel inconsciente— que no está preparado para subirse al ferrocarril de su destino: «No llegué a tiempo de coger el tren debido a la interminable cola de personas que aguardaban turno frente a la ventanilla para obtener billete». Quiere ello decir que la ventanilla interna del durmiente está llena u ocupada por complejos, temores, titubeos, e inhibiciones, que han de solucionarse o superarse antes de estar preparado, en condiciones, de seguir su camino por la vida con optimismo y seguridad en las propias fuerzas.

3. Soñar con varios trenes puede significar, al margen de los cambios y nuevas situaciones, el verse en la disyuntiva de elegir entre uno u otro camino, como en el caso de un hombre que soñó con una especie de encrucijada de vías, con trenes que iban de un lado para otro. El se hallaba en algo parecido a un subterráneo con la cabeza, más o menos, a la altura de las vías, viendo desfilar los trenes. Al día siguiente recibió una oferta de trabajo y tuvo que tomar una decisión; el nuevo empleo se tradujo en un cambio radical con respecto a la actividad que llevaba.

4. Otro sueño relacionado con proyectos profesionales, es el siguiente (tenido por un hombre de letras): «Sueño que voy en un tren aerodinámico que se interna peligrosamente en un tupido bosque a gran velocidad. Cada vez va descendiendo más, hacia el fondo de un valle. Tengo miedo ante la posibilidad de que se produzca un descarrilamiento, pues las ramas de los árboles y arbustos casi impiden el camino. Al fin, el tren arriba a un punto donde hay topes atravesados sobre la vía y no puede proseguir. Más allá, sólo se percibe un tupidísimo bosque. Entonces, el tren tiene que retroceder a menos velocidad. Y entonces podemos contemplar —los pasajeros— lugares extraordinarios y majestuosos, como campanarios, iglesias exóticas, construcciones que parecen sacadas de cuentos de hadas, palacios..., que antes no habíamos visto. Entonces, desperté».

Esta visión onírica es clásica en el mundo de los proyectos fallidos. El durmiente tenía en marcha un asunto literario y de publicaciones junto con otras personas. El proyecto empezó con mucho empuje y premura, pero el sueño advertía de que pronto iba a quedar frenado y que se tendría que volver atrás en la decisión o colaboración. Como así fue. Pero, al mismo tiempo, el sueño señalaba que saldrían otras oportunidades o proyectos que no fueron tenidos en cuenta con la precipitación empeñada en el proyecto principal (de ahí los edificios y lugares artísticos que contemplaba el soñador durante el retroceso del tren). El bosque de este sueño simboliza la vida enigmática del inconsciente del soñador. Pero, a la vez, representa la vida desconocida que nos rodea, pero que no está exenta de situaciones inesperadas.

U

UNIFORME

psi. Simboliza el *servicio,* la *obediencia...,* en este caso al nuestro YO, a nuestros principios morales, a nuestro superior o jefe del inconsciente. El uniforme representa, en muchos sueños, los deberes que tenemos hacia nosotros y hacia nuestros semejantes. En ocasiones, los sueños donde aparece un uniforme, indican que tenemos que «amoldarnos» a ciertas normas para vivir en sociedad, que hemos de ser «disciplinados» para cumplir nuestros objetivos, etc., Así, puede uno mismo verse vestido con un uniforme que le cae mal o que está bien puesto, etc., o mostrarse agresivo en exceso con personas que visten uniforme como puedan ser policías o militares.

UVA

psi. La mayoría de las veces suele tener una clara tendencia erótica, sobre todo cuando las uvas están en la parra, por su clara relación con los testículos. Una parra con racimos de uva que cuelgan de la misma es una flagrante alegoría al hombre. En el sueño que nos ocupa, tenido por una mujer casada, vio lo siguiente: «Soñé que subía por una escalera y al llegar a lo alto abría una puerta. Tra ella, un inmenso campo con vides y las uvas se iban haciendo grandes. Habían muchas parras y también un gran pez (una especie de mero) que iba chupando las uvas, que se transformaban en leche. El mero se agrandaba enormemente, se ponía rígido y lanzaba una especie de surtidor lácteo». Aquí, sobran las explicaciones, de tan claras y manifiestas que son y están las alegorías. La mujer estaba atravesando un período de fuertes necesidades eróticas, con posibilidades de tener su mente en exceso acaparada por la problemática sexual (de ahí que la puerta y el campo estuviesen en lo alto). Las uvas representan los testículos, el mero (al igual que la sardina y otros peces) simboliza el pene..., y el mero alzándose y escupiendo leche es una simbolización manifiesta del miembro viril en el momento de eyacular. Lo que la soñadora deseaba para su existencia real. Es un sueño, por tanto, que refleja necesidades biológicas.

V

VASO

psi. Simboliza a la mujer.

VENTANA

psi. 1. Genitales femeninos.
2. Según Edgar Clayce, simboliza —muchas veces— la luz, la percepción, los ojos... Puede ser indicativo de que se ha de estar sobre aviso o mirar con más atención lo que sucede alrededor de uno.

VESTIDO

psi. 1. Son muy frecuentes los sueños en que aparecen vestidos y trajes, en ocasiones exóticos, extraños, o que no nos pertenecen. Muchas veces esos vestidos de los sueños son como una segunda piel nuestra y nos indican *cómo somos en realidad, cómo nos vemos interiormente, a qué escala social pertenecemos en verdad.* No es extraño que algunos soñadores que quieren engañarse a sí mismos y a los demás, con sus sueños (nos estamos refiriendo a la megalomanía de la vida real) de grandeza o aparentando lo que no son, se vean sueños *con el vestido roto,* arrugado o manchado, cubiertos de harapos o ropas viejas, trajes o vestidos demasiado anchos o estrechos, etc.

2. La falta de un vestido o traje adecuado suele simbolizar que uno no se adapta suficientemente a la realidad de su entorno social. Cuando estamos excesivamente adaptados (preocupados) hacia afuera, es decir, nos creemos demasiado importantes, cuando hemos llegado a indentificarnos en exceso con nuestro «papel» en la vida, podemos tener sueños en los que nos veamos o bien vestidos ridículamente o con vestidos o ropas que en verdad no nos corresponden. La persona que se ve en sueños bien vestida, es aquella que desde el punto de vista social se encuentra realmente en el lugar que le corresponde.

3. En la mujer, a veces, el soñar con un determinado vestido simboliza el embarazo, la próxima maternidad, como en el sueño siguiente publicado por Angel Garma: «Abría mi armario y me encontraba con un vestido que yo había enviado antes a la modista. Estaba allí, pese a que aún no había ido a recogerlo. La sirvienta me explicaba que la propia modista lo había traído». El vestido del sueño era el que la mujer utilizaba en su embarazo anterior, por lo que el significado no ofrece dudas. Al tenerlo de nuevo, el inconsciente le estaba señalando otro emba-

razo. Y el *armario,* simboliza aquí el *vientre,* dentro del cual se halla el embrión que *no se desea,* ya que también queda claro que esta negativa ante la presencia del vestido («pese a que aún no había ido a recogerlo») es simbolismo de que en la realidad no se desea tener un nuevo hijo. La *modista* del sueño representa la *maternidad.*

4. Los vestidos de niños suelen aparecer en sueños relacionados con aspectos infantiles de la personalidad o con inmadurez de carácter. Dos ejemplos muy interesantes son los que entresacamos del *Tratado sobre los Sueños* del doctor Otaola: «Sueño que había fallecido a los cinco años de edad, pero que había heredado yo mismo el vestuario de cuando era niño». Este sueño manifiesta que pese a que la infancia quedó atrás, la personalidad del sujeto conserva rasgos de acusado infantilismo, es decir, guarda aspectos caracterológicos —de ahí el eufemismo de la herencia— que debían de haber muerto o quedado superados después de la niñez o con ella misma; a los cinco años. El individuo ha evolucionado biológicamente, PERO NO PSIQUICAMENTE, y el inconsciente se lo recuerda por medio de simbolismos, los que aparecen en el sueño, reflejando el comportamiento del soñador ante la problemática de la vida real.

Un caso contrario: «Llevaba en la mano el vestido de marinero con el que hice mi primera comunión. Mi hermano me preguntó qué pensaba de él y le contesté que iba a regalarlo, pues ya no me servía». Está claro que aquí, el soñador, se desprende de ciertas actitudes infantiles, que evoluciona favorablemente hacia lo adulto y que deja detrás, o liquida, cierta etapa de su vida infantil.

5. En otras ocasiones, se lleva en sueños el vestido o traje que uno llevaba en otra época de la vida, que nos recuerda determinada situación anterior: escuela, viaje, vacaciones, estancia en casa de la abuela o tías, en una fiesta, etc. Por lo general, este tipo de visión onírica indica que un hecho que sucedió en tal momento y lugar ha vuelto a revivir en nuestro interior o, incluso, que puede volver a repetirse. Entonces se debe estudiar con meticulosidad todo el contexto del sueño y demás elementos que concurren en él para descifrarlo plenamente, puesto que algo ha actuado de interruptor o disparador.

VIAJE

psi. Los viajes que se realizan en nuestras visiones oníricas suelen simbolizar que la persona se dirige hacia nuevas realizaciones interiores, cambios espirituales, consecución de nuevas ideas y proyectos, formas y aspectos nuevos de ver las cosas, etc. Es conveniente analizar el contexto del sueño y sus elementos (barro, tren, avión, billete, equipaje, automóvil, estación, autobús) para obtener un razonamiento lo más aproximado posible. El viaje representa, en general, el propio destino y los cambios que se presentan en la vida, captados muchas veces por el inconsciente antes de que éstos se materialicen.

VOLAR (Libre, sin aparatos, sin ayuda alguna)

psi. 1. Muchas veces, los sueños en que uno se ve volando como si fuese un pájaro, están relacionados con los deseos personales de superación y encumbramiento; con las ansias íntimas de sobresalir sobre los demás o de ser admirado por la gente. Artemidoro ya indicaba que los sueños de vuelo manifiestan los intentos personales de destacar, de remontarse por encima de los demás mortales. Y el filósofo germano Friedrich Nietzche reflejaba ese mismo sentido cuando escribió: «Si yo he soñado mil veces que volaba, ¿no creeréis que también despierto tendré un sentimiento y una necesidad sobre la mayoría de los hombres?»

2. En otras ocasiones, estos sueños pueden reflejar los deseos imperiosos de escapar a las obligaciones monótonas de la vida rutinaria, de sus tediosos problemas y de la falta de capacidad o preparación para enfrentarse con los obstáculos o conflictos. También suelen evidenciar los deseos de sentirse libre y la necesidad de encontrar nuevos horizontes.

3. Otros sueños de vuelo (por ello es tan importante analizar todos los detalles que intervienen en los mismos, y no sólo el vuelo en sí), pueden indicar exceso de fantasías, falta de contacto con la realidad, la necesidad de huir de complejos o conflictos neuróticos y situaciones por el estilo.

4. Puede darse el caso de que una persona agobiada por preocupaciones o problemas, frente a la duda de si saldrá adelante o no, sueñe que vuela por encima de la ciudad o de las montañas. En este caso el inconsciente suele indicar que no se angustie porque superará las dificultades; que tiene habilidad para pasar por encima de esos obstáculos.

Z

ZANAHORIA

psi. Genitales masculinos.

ZAPATILLAS MASCULINAS

psi. Testículos.

ZAPATOS

psi. 1. Gran número de sueños de zapatos son de índole sexual. El acto de introducir el pie en un zapato simboliza, por ejemplo, el coito. Los zapatos femeninos sintetizan los genitales de la mujer; y los zapatos masculinos, los del hombre.

2. El ver o llevar zapatos desemparejados, puede evidenciar desavenencias sentimentales, inesta-

bilidad psicológica, falta de coordinación emocional, etc.

3. Los zapatitos de niños pueden representar fijaciones infantiles del pasado. Por ejemplo, una muchacha o una mujer que aparezca en sueños llevando zapatitos de niña, refleja los deseos inconscientes de no crecer, de no aceptar las responsabilidades de persona mayor, de que desea continuar siendo una niña en el ambiente familiar y que sean los otros quienes se enfrenten con las responsabilidades.

4. No llevar zapatos adecuados puede ser una manifestación acerca de la personalidad del soñador: la visión onírica le advierte de que aún no está preparado para enfrentarse con los problemas de la vida o con los proyectos de su imaginación. Así, el sueño que explica el doctor Aeppli, es significativo al respecto: «Una señora tenía que subir una difícil pendiente en una montaña. La cuesta de sus dificultades; para mayor desgracia llevaba unos ZAPATOS DE BAILE totalmente impropios. No se había puesto aún los zapatos de *verdad; los de la hora de la verdad*».

5. Según Stekel, muchas veces, verse cerrando zapatos con cordones es símbolo de muerte. Sin embargo, en otras visiones oníricas, puede representar los deseos de terminar con la vida sexual; de no emplear más los genitales en ese acto. En estos casos, lógicamente, hay que analizar con atención y meticulosidad todos los agentes y elementos que intervienen en el sueño ya que, de lo contrario, la interpretación nunca será la correcta y acertada.

APENDICE

A

ABERTURAS

psi. 1. Soñar que uno pasa con muchas dificultades por aberturas estrechas, suele representar los contratiempos que el soñador está pasando en la vida consciente para conseguir lo que desea y para superar las advertencias económicas y profesionales que le agobian. También es posible que hagan alusión a un trance familiar que está viviendo el durmiente o a lo difícil que le resulta quitarse de encima un complejo que le agobia.

No obstante, el presagio es bueno si el que está soñando consigue, al fin, pasar al otro extremo de la abertura y salir de ella. Por el contrario, si se queda encallado, detenido, o no encuentra el medio o sistema de cruzar esa abertura, es una muy seria advertencia hacia el hecho de que tampoco en la vida real logrará vencer las dificultades y problemas que le agobian, al menos, de la forma y manera que él espera hacerlo.

2. La mayoría de las veces, las diversas aberturas, sean naturales o artificiales (aparecidas en sueños), son de índole erótica y representan los genitales femeninos, como, por ejemplo, *boca, puerta* y *ventana*. (Véanse estos términos.)

P

PUERTA

psi. 1. La mayor parte de las veces suele simbolizar la sexualidad femenina, los genitales de la hembra, como en el sueño siguiente de un joven (explicado por Angel Garma): «Una jaula que tenía la puerta, no lateralmente, sino abajo. El pájaro entraba y salía y a mí me extrañaba que no se escapase». Queda claro el sentido erótico de este sueño, que representa abiertamente el coito que ese joven estaba anhelando. La jaula es el órgano genital femenino (por eso está abajo), y el pájaro es el falo masculino.

2. Como símbolo de las aberturas corporales, la PUERTA DELANTERA de los sueños representa la vagina, el órgano sexual femenino, y la PUERTA TRASERA, el ano.

3. Igual que en la vida consciente, la puerta

de los sueños tiene el significado de «lugar de paso hacia...», «comunicación hacia o con...», pero que en otros momentos sirve para aislarnos en una habitación, cerrar el paso a los molestos e inoportunos, aislar una sala o estancia a la curiosidad (casi siempre malsana) de los demás, preservar nuestras intimidades y nuestro pudor, etc. Una puerta que puede abrirse a los amigos y cerrarse a los enemigos.

Una persona puede soñar que se halla frente a una puerta cerrada que no sabe (o no puede) abrir, y queda intrigada, incluso angustiada, ante la incógnita de lo que habrá detrás; estas clases de sueños suelen anunciar algún tipo de obstáculo en el camino real del soñador; algún contratiempo familiar o sentimental; alguna dificultad interior que impide seguir avanzando por el camino emprendido en pos de un objetivo personal o profesional, etc. En muchos casos, esas puertas cerradas, llenas de angustia y misterio, se refieren a los titubeos que el soñador experimenta en su vida de vigilia a la hora de tomar decisiones, la falta de seguridad en sí mismo, falta de preparación para enfrentarse a cualquier coyuntura y las angustias y complejos neuróticos que no logra sacarse de encima.

Una puerta cerrada puede, incluso, representar inhibiciones sexuales o miedo al sexo, por lo que se hace preciso examinar si en el sueño hay detalles relacionados con *cerradura* o *llave*. Por el contrario, cuando la puerta se abre a un hermoso jardín, significa que en la realidad se encuentra el camino adecuado para el disfrute de la vida y los placeres del amor. Por lo referente a este sueño (el de la puerta que se abre a un hermoso jardín), a la hora de interpretarlo con la máxima exactitud, se hace necesario estudiar los detalles del jardín: *flores, arbustos, frutos, animales...*

4. En su representación de elemento que permite pasar de un lado a otro, comunicar una habitación o estancia con la contigua, entrar en un sótano, buhardilla, etc., la puerta de los sueños también está relacionada con la propia personalidad y carácter. Ocurre muchas veces, soñando, que abrimos una puerta y penetramos en una sala de nuestra propia casa que desconocíamos. En este caso, la puerta representa aquellos conocimientos, fuerza, y en ocasiones, sabiduría o espiritualidad, que nos permite acceder a lugares de nuestra propia personalidad que desconocíamos, que la propia ignorancia o ceguera nos impedían ver. Por ejemplo: una mujer adulta soñó que abría una puerta y entraba en una habitación toda decorada de un magnífico color azul, quedando agradablemente sorprendida, pero sin saber qué significaba. Nosotros le dimos la explicación: esa estancia azul era la parte más espiritual y mágica de su inconsciente, de su personalidad. Era la representación de la Magia Azul, de la Teurgia, de los espíritus angélicos, de las partes adivinatorias, de aquellas cualidades mágico-espirituales que casi todos llevamos dentro y que nos mueven a ayudar a los demás. *¿Por qué había entrado en aquella estancia en aquel momento y no antes?* Sencillamente, porque esa mujer llevaba una larga temporada de aprendizaje en el Tarot y Rituales de Magia, y se había decidido a practicarlo de lleno. El inconsciente le recordaba que ya «había abierto la puerta de sus cualidades espirituales», «la puerta de la habitación mágica que todos

llevamos en nuestro interior», pero que muy pocos saben descubrir y visitar.

5. Un sueño erótico en el que intervienen *puerta* y *ventana* es el siguiente (relatado por Angel Garma en su obra *Psicoanálisis de los Sueños*): «Con mi suegra y otra muchacha voy a comprar fruta. La frutería se encuentra ubicada frente a mi propia casa. Están agrandando la puerta de mi casa. Además, la ventana está como sin el marco; sólo hay un hueco. Se ve todo desde la calle». Este sueño lo tuvo una mujer próxima a casarse y que ya había tenido relaciones sexuales con otras personas distintas a su futuro marido. Ir a comprar fruta significaba la próxima consecución del miembro viril masculino a través del matrimonio, de unas relaciones serias y ortodoxas (de ahí la presencia de la suegra). Pero estaba preocupada por su vida sexual *(¿le remordía la conciencia?)* pasada. La puerta agrandada y la ventana sin marco simbolizaban el hecho de que ella no era virgen, de que ya había sido desflorada anteriormente; la falta del marco además y más específicamente, significa la carencia del himen. La frase o término «SE VE TODO DESDE LA CALLE», se refería a los temores que la durmiente experimentaba en sus sueños acerca de las críticas o murmuraciones de que podía ser objeto por parte de aquellos que conocían o sospechaban sus andanzas lúbricas anteriores al inminente matrimonio. Es curioso a este respecto, constatar, que tan sólo había mantenido relaciones sexuales con dos hombres (lo cual tampoco quiere decir que fuese una libertina, ya que podía haber estado enamorada de ellos): uno lo representaba la puerta, y el otro, la ventana.

6. El ver una puerta derribada, muy en especial si la cerradura está destrozada a golpes por lo que no puede volver a utilizarse, es un sueño que refleja el acto de la desfloración (incluso el hecho de que ésta se haya producido o pueda producirse violentamente).

7. El ver arcos arquitectónicos en un sueño suele ser símbolo del arco público.

8. Soñar que se está abriendo una puerta suele indicar el intercambio, contacto o relaciones (sexuales o de otra índole) entre el durmiente y otra persona, o los deseos de relaciones, en este caso sexuales, con un/a protagonista muy en concreto. Este protagonista o persona suele quedar identificado con otros detalles del sueño. En los jóvenes, esta visión onírica, puede reflejar simplemente sus ansias por gozar del sexo.

9. Soñar que se es demasiado débil para abrir una puerta, que no se tiene la fuerza suficiente para conseguirlo, puede ser indicativo de la carencia de vitalidad para hacer el amor, falta de energía para emprender determinado proyecto e, incluso, puede indicar también la realidad de una impotencia sexual, pasajera o no.

R

RATA (ampliación a este término)

psi. 1. Símbolo de preocupaciones constantes que están royendo las fuerzas vitales del soñador, que están devorando las reservas del individuo. Puede reflejar condiciones adversas o mortificantes de tipo físico (salud), de tipo afectivo o de índole monetaria (la riqueza propia o familiar). El metódico análisis de los demás elementos que puedan intervenir en el sueño indican hacia qué finalidad debe encauzarse la interpretación del mismo.
    2. En el caso de que las ratas adviertan de que hay algún tipo de enfermedad en proceso, debe analizarse el comportamiento que tiene el soñador con su cuerpo: ¿Se está desgastando demasiado? ¿Abusa de los placeres sexuales? ¿Descansa lo suficiente? En ocasiones, las ratas de los sueños, denuncian enfermedades parasitarias.

3. Simbolismo sexual fálico, en razón de lo prolíficos que son estos roedores. Es normal decir: «Se multiplican como las ratas», al referirse a situaciones conflictivas o racistas, siempre pensando en enemigos, delincuentes, etc. También la forma de su hocico y larga cola contribuyen a reforzar este concepto de simbolismo fálico.

4. Símbolo de la sexualidad femenina, que se teme, se rechaza o no, se acepta, ya se trate en sueños de varón o hembra. La visión onírica que relatamos seguidamente la tuvo un joven de 19 años: «He tenido un sueño bastante angustioso. Estaba rodeado de ratas y ratones, y terminaba por encerrarme para huir de ellos. Cerraba todas las puertas, ventanas y huecos, pero las ratas se colaban por doquier. He pasado mucho miedo y también asco, pero no acierto a comprender el significado de esta visión inconsciente pese a haber consultado un manual que tengo sobre la interpretación de sueños». Ante la imposibilidad material de hablar con el sujeto para obtener más concretos detalles, estamos convencidos de que se trata de un sueño de claro contenido erótico. El organismo recuerda al durmiente que están cobrando importancia en él los impulsos sexuales y las tentaciones de la carne, la atracción por el sexo contrario, pero que él rechaza por temor, ya sea por razones morales o por falta de experiencia. Sus defensas teóricamente espirituales, creadas por la educación convencional y religiosa, son las paredes de la casa (su personalidad). Es muy significativo que cierre «todas las puertas, ventanas y huecos»; es decir, todo aquello que simboliza los genitales femeninos. Siente atracción y temor, al mismo tiempo, por la sexuali-

dad y la hembra. Pero sus defensas se van diluyendo y el *enemigo* le acorrala, pues no existe defensa posible contra los deseos interiores de la propia naturaleza.

Es por eso que en tales circunstancias, el soñador debe hacer un análisis profundo de sí mismo y mentalizarse para no temer la sexualidad, a fin de no crearse dolencias neuróticas. Pues hay que insistir, desde la vertiente psicológica, en el hecho de que estos sueños suelen advertir también de que las propias fuerzas vitales están siendo roídas, carcomidas y desgastadas. Recordemos que ratones y ratas son los malignos roedores por excelencia; destructores voraces, traidores que se comen los esfuerzos y graneros der los demás. Cuando se presentan o irrumpen en la morada de nuestros sueños y *psiquis,* es una clara advertencia de que algo perjudicial, nocivo, se está engendrando en nuestro organismo, de que nuestras reservas vitales (físicas o psíquicas) están siendo «devoradas» por las preocupaciones o conflictos, del tipo o cualidad que sean.

5. Un sueño muy elocuente y significativo es el que tuvo una mujer de 57 años y al que seguidamente nos referimos: «Soñé que había una rata en la habitación de mi nieto, y cuando vi que le estaba atacando, me rebelé, la pisé y la maté. Posteriormente he vuelto a soñar con más ratas. Las vi en una estancia y las cogieron, metiéndolas en un cajón, pero un niño lo abrió y algunas se salieron; eran enormes. Las que se quedaron en el interior del cajón se asfixiaron. ¿Nos va a pasar algo malo?».

La respuesta que ofrecimos a la mujer, a falta de mayores y más concretos datos, fue la siguiente: «Si bien estos animales, desde la vertiente de la tradición ocultista pronostican engaños y dificultades, tengo la casi certeza de que sus sueños hacen referencia a roces o inquietudes en las relaciones familiares. Así, esas ratas tendrían el simbolismo de los sentimientos ocultos o escondidos que le están royendo las entrañas, los temores de que algo marche mal, se tuerza, o de que se presenten inconvenientes; pero todo ello, más en las relaciones sociales o familiares que en el aspecto material». Poco tiempo después, la interesada, nos escribía aclarando: «Tengo temores de que mi marido me engañe. Tampoco me gusta que mi hijo nos pida dinero para su negocio, el cual, nunca nos devuelve». Queda diáfano que los sueños de ratas tenidos por esa mujer reflejaban los temores por la posible infidelidad de su marido (las ratas y ratones no son fieles) y la actuación del hijo (véase la relación o similitud del grano que roban las ratas con el cinismo del hijo que, poco a poco, va consumiendo el patrimonio o granero familiar sin preocuparle el esfuerzo que han tenido que realizar sus progenitores para conseguirlo).

6. Según Edgar Cayce, la rata o ratas suelen simbolizar la transmisión de «desasosiego» o «intranquilidad» —a veces de inquietud y de remordimiento— por acciones cometidas. Por lo tanto, la mujer que un día incurriera en críticas y chismes que pudiesen perjudicar a una persona inocente y que por la noche soñó con multitud de ratas que corrían de un lado para otro por las habitaciones de su casa, recibió el justo castigo psíquico a través del terror que los roedores, durante el sueño, suscitaron en ella. El inconsciente —o la conciencia— le recordaba el mal

que había hecho al actuar de un modo parecido al de las ratas; perjudicando a otro semejante con sus calumnias y mentiras.

7. Las ratas también pueden simbolizar los deseos sexuales reprimidos y aquellas tendencias eróticas que rechazamos, como en el caso que sigue (sueños de una fémina que nos ocultó todo tipo de datos); «Llevo varios días, desde aquel en que estando en vigilia vi una rata muerta, soñando con ellas. La primera vez, soñé que perseguía una para matarla, pero las demás veces he soñado que las veía muertas, que las había matado mi padre y mi hermana. Dígame si va a pasarme algo malo». Nuestra respuesta fue la siguiente: «Este sueño no tiene nada de premonitorio o profético; no señala que vaya a sucederte algo malo, sino que indica que en tu inconsciente hay algo que pugna por cobrar vida. Incluso en Ocultismo, se considera que matar una rata en sueños significa *éxito en la empresa* que se tiene entre manos. Nos debes, pues, tener temor a nada. Lo que ocurre es que la rata muerta que viste realmente, sirvió de factor desencadenante de lo que estaba dormido en tu subconsciente. Las ratas de tus visiones oníricas no son otra cosa que aspectos ocultos o recónditos de tu personalidad que pugnan por salir a la superficie; aspectos que la moral tuya o la que te han inculcado, considera negativos, peligrosos o pecaminosos, y de ahí la forma que adoptan en los sueños (roedores que van minando la moral y las defensas). Imaginamos que eres una mujer joven, por lo que las ratas representan los deseos sexuales reprimidos, deseos que quizá sí sean peligrosos y que necesitan, precisamente, ser si no reprimidos, al menos controlados. De ahí

la ayuda de tu padre y hermana interviniendo en el sueño para matar a las ratas (tus enemigos). Cabe la posibilidad que esa visión se relacione con uno o varios pretendientes que te acosan y con tu falta de confianza o fuerzas para tomar decisiones al respecto. Sin embargo, el haber soñado que perseguías a la rata para matarla, significa que a nivel inconsciente (por lo menos) tienes valor para enfrentarte a la situación, valor que consideramos hasta cierto punto excesivo ya que esa rata representa también tu propia femineidad que pugna por cobrar vida intensa. Nuestro consejo y recomendación es que a nivel consciente no veas a las ratas como enemigas y que te mentalices de que la diplomacia y el tacto, ante determinadas situaciones, son mucho mejor que una moral demasiado estricta, rigurosa y fanática.

»En otras palabras: debes aprender a vivir en armonía con los aspectos de tu personalidad que se esconden bajo la apariencia de ratas (en tus visiones oníricas), de lo contrario, el rechazo de los mismos a nivel consciente podría crearte algún tipo de complejo o neurosis».

RATON (ampliación a este término)

psi. El simbolismo sexual fálico es, en el caso de soñar con ratones, mucho más claro y contundente que cuando se sueña con ratas. En las visiones oníricas tenidas por mujeres el significado está diáfano; como en el caso siguiente: «Tengo 22 años y soy soltera, aunque estoy en relaciones con un muchacho y pensamos casarnos pronto. Soñé que me encontraba en mi casa, estaba muy sucia y conmigo se hallaban unas amigas que habían venido para ayudarme a limpiarla. Yo, al levantar un cartón que había en el suelo, me encontré con dos ratones muy negros y el rabo muy largo que estaban haciendo el coito. Más tarde me volví a encontrar con los ratones, pero ya eran distintos; estaban como pintados de blanco, les faltaba el rabo y andaban sobre las patas traseras».

Esta fue nuestra interpretación del sueño: «Esos ratones simbolizan la sexualidad masculina, que siempre causa temor en la mujer, al margen de los reparos de índole moral y religiosa. En conjunto, esta visión refleja tus ansias de amor. Si luego (cuando ves los ratones blancos) no te dan miedo es porque aceptas la sexualidad una vez casada; es decir, cuando los deseos eróticos han sido «blanqueados» por el vínculo matrimonial».

S

SERPIENTE (ampliación a este término)

psi. 1. Las serpientes que aparecen en los sueños no siempre son fáciles de interpretar, ya que pueden tener el significado de la doble vertiente, o sea, de lo bueno y de lo malo. Además, es muy posible que estén relacionados con la sexualidad y los afectos, como con la agresividad y malicia propias o ajenas, e, incluso, con los estudios y conocimientos de lo oculto, misterioso y prohibido.

Recordemos que ya la Biblia refleja la presencia de este ofidio en la Creación y su actitud insidiosa y ladina al alertar a Eva y Adán de los secretos del árbol de la Ciencia del Bien y del Mal.

De manera parecida a como el veneno de la serpiente puede matar o curar (sabemos que se extrae veneno de estos reptiles para medicamentos y antídotos), las que se aparecen en sueños pueden anunciar peligros, conflictos, temores sexuales, o conocimiento de lo oculto y parapsicológico.

Por lo general, las visiones oníricas en las que hacen acto de presencia estos ofidios parecen tener su génesis en el hecho del rechazo o repudio hacia los niveles instintivos, oscuros o primitivos, de la naturaleza (por miedo), efectuados por la mente consciente. Pero el resultado es que, después, aquélla, está más amenazada que nunca por esos instintos (comúnmente sexuales); es decir, que cuanto mayor es el rechazo, más intensos renacen los deseos. Tan sólo aceptando y asimilando ese lado oscuro y primitivo de nuestra naturaleza, podemos madurar y equilibrarnos.

2. Por regla general la serpiente de los sueños tiende a simbolizar el falo masculino. La mayoría de las veces —sobre todo cuando el sueño corresponde a una hembra—, se está haciendo alusión inconsciente al miembro viril. En tales visiones oníricas suelen estar relacionadas con la habitación, la cama, el campo..., como en el caso siguiente: «Soy una señora de 44 años y sueño frecuentemente con serpientes pequeñas y grandes. En uno de estos sueños invadían mi casa por todas partes. En otro, una salía de mi almohada, negra y no muy larga, y se lanzó hacia mi brazo. Ya se puede imaginar lo mal que lo paso, porque a mí me producen un profundo asco esos reptiles». Lo curioso es que esa dama temía que le sucediera algo malo cuando, en realidad, el contenido de los sueños era erótico; le recordaban sus necesidades sexuales insatisfechas y el deseo de gozar de los placeres de la carne.

3. En contadas ocasiones —sólo en las visio-

nes inconscientes de personas muy ocultas y estudiosas—, la serpiente es símbolo de conocimiento, de sabiduría, de perfeccionamiento en ocultismo o ciencias prohibidas o no oficiales. En tales casos, soñar por ejemplo que se mata una serpiente, puede ser indicativo de que en la vida real se rechaza o se lucha por impedir que un conocimiento al que se teme sea aceptado por el inconsciente. Por el contrario, si uno sueña que va por un camino precedido de una pequeña serpiente que le sirve de guía, es símbolo de sapiencia, conocimientos profundos o ciencias ocultas, que está adquiriendo o asimilando.

4. A veces, en el caso de los sueños de personas que padecen alguna enfermedad, suele ser un presagio o aviso de mejora y recuperación de la salud. Al respecto, hay que recordar que el símbolo de la Medicina es el de Esculapio, dios de esa ciencia, que iba acompañado de una serpiente enrollada en su bastón.

5. En otras ocasiones, la serpiente de las visiones oníricas es un símbolo de la agresividad personal del durmiente contra ciertas personas que, por lo común, suelen ser la madre, hermanos, marido/mujer, o familiares demasiado dominantes que se desearía desapareciesen de nuestro entorno.

6. Veamos a continuación un sueño bastante aleccionador (por lo que se refiere al rechazo de las necesidades sexuales demandadas por la naturaleza), tenido por una mujer: «He soñado que dentro de mi casa se deslizaba una enorme serpiente. Yo intentaba matarla por todos los medios y ella se escapaba una y otra vez, causándome la sensación de que se burlaba de mí. Hasta le clavaba un cuchillo, pero el reptil

seguía viviendo. Me desperté, muy angustiada por supuesto, sin haber conseguido matarla». A continuación, la respuesta interpretativa que dimos: «La casa del sueño es la morada de tu espíritu. Y la serpiente, representa aquí los deseos sexuales que están naciendo en tu interior y que tratas de reprimir por todos los medios a tu alcance, de acuerdo con la moral estricta que te han inculcado. No la podrás matar, ya que son los sentimientos amorosos que anidan en tu inconsciente. La serpiente se burla de tus intentos, como si te dijera: *no podrás matarme porque soy tu misma.* Para que este tipo de visiones desaparezcan es necesario ser más condescendiente con los deseos e, incluso, con las pasiones de una misma; de sujetarse a una férrea disciplina que vea en lo sexual al mundo del pecado o al infierno vivo, se pueden crear en la persona, en ti, graves conflictos a nivel constante.»

7. Un muchacho que se ve en sueños matando una serpiente, representa que se rechaza o reprime la virilidad, las necesidades sexuales. Puede que se trate de un miedo latente a la sexualidad femenina, de manera parecida al sueño de las hembras que matan una serpiente; en el fondo siempre hay miedo o temor al sexo opuesto, según el sueño proceda de hombre o mujer.

8. Tener una visión onírica en la que aparezca una serpiente mordiéndose la cola, es un simbolismo del coito y de la líbido del soñador o soñadora. Indica una naturaleza muy erótica o una preponderancia de lo sexual en el tiempo del sueño.

9. Soñar que una serpiente se enrosca en torno al cuerpo o a un miembro del mismo, advierte de

que las pasiones amorosas (más en torno a lo lúbrico que a lo espiritual) están cobrando fuerte intensidad. Es lo que podríamos denominar como: *llamada de la carne*.

10. En los hombres que se creen fuertes para superar la llamada sexual, no es raro que se produzcan sueños en que una serpiente les muerda en el talón. Señala que el hombre ha sido «mordido» por lo erótico en su punto más débil, y señala asimismo, que pese a su aparente fortaleza moral tiene una zona en donde puede ser herido «por las flechas del deseo», cual talón de Aquiles, puesto que su proceder va contra natura.

11. Más raro es el sueño de ver varias serpientes peleándose entre sí. Aquí, tales ofidios pueden representar las fuerzas primitivas y psíquicas de la persona. Soñar que uno se encuentra entre un grupo de serpientes que se atacan unas a otras, indica que en el sujeto existen fuerzas psíquicas dispersas, descontroladas y por domesticar. Es una visión que viene a decirle al que la tiene que debe aprender a «unificar», «domar» o «canalizar», sus fuerzas psíquicas o interiores hacia un objetivo común. Debe poner todo su empeño en adquirir mayor firmeza de voluntad.

12. Soñar con una serpiente que saca un cadáver por la boca, simboliza el coito y la potencia reproductora.

13. Como anecdótico y curioso vamos a referirnos seguidamente al sueño que tuvo un varón (suponemos que adolescente o quizá más joven todavía); él, lo describe de esta manera: «Soñé que estaba en un lugar desolado y vacío. De súbito, y sin saber con exactitud el por qué, fijé mi vista en un punto deter-

minado del suelo donde me tropecé con el asombroso espectáculo de una *serpiente de tres cabezas,* la cual, por su brillo y apariencia, daba la sensación de tener un gran poderío. Una voz armoniosa, que parecía no ser humana, gritó, diciéndome: *adora a la serpiente;* mas yo no pude contemplar su rostro. Apenas sin reflexionar, brotaron de mi interior valor y fuerzas y, sin más armas que las propias manos, me arrojé contra la serpiente intentando destruirla; pero antes de herirla mortalmente, ella clavó sus dientes en mi cuerpo inoculándome su mortal veneno. Era éste tan intenso que a los pocos instantes experimenté dolores horribles y la agobiante sensación de que iba a morir, asfixiado de un momento a otro. Pero en el último instante del desfallecimiento fluyeron de mi corazón, como ríos, fuerzas intensas llenas de vida y de inmortalidad. Era por completo consciente de que esa fuerza sabia me decía: *no temas nada. La muerte y los sufrimientos ya no tienen poder sobre ti.* Y entonces, cuando me sentía muy feliz, desperté».

Esta fue la explicación que le dimos: «Aunque la serpiente es un símbolo sexual por encima de todo, que también aquí podríamos interpretar como «la llamada de la carne» o el nacimiento de «la vida sexual», que en parte te asustas y rechazas por los temores que te han sido inculcados desde la vertiente moral represiva, TU SERPIENTE DE TRES CABEZAS VA MAS ALLA DE LO PURAMENTE EROTICO O CARNAL... Es significativo que tenga tres cabezas, número mágico, que puede simbolizar las fuerzas reactoras del destino (las tres Parcas de los antiguos) y que en nuestra civilización podemos representar con los términos de *pasado, presente* y *futuro*. El tres es un número *activo, sagrado,* y al mismo tiempo *tenebroso* o *misterioso*. Y en tu sueño, incluso, el veneno que te inocula el ofidio y que no te mata, puede ser un simbolismo de salud y salvación (debes recordar que de la serpiente también se extraen remedios y contravenenos). Asimismo, una de las cabezas del reptil puede representar lo *espiritual,* otra lo *material,* y la tercera la *vida activa,* que se nutre de las anteriores. En resumen, pues, que tu inconsciente te está advirtiendo que se acerca una etapa más adulta de tu existencia, en la que junto a la vida sexual vas a conocer nuevos valores y secretos de la naturaleza.»

Podríamos ampliar esta respuesta, y de hecho lo hacemos ahora, añadiendo que, en conjunto, esa serpiente de tres cabezas representa al sujeto en sus tres facetas más importantes y trascendentes: CUERPO, ALMA y ESPIRITU, y que ninguna de ellas puede vivir por separado, sino solamente compartiendo con las otras dos el destino y personalidad del individuo, Somos, en realidad, como una serpiente de tres cabezas.

14. Aunque no es frecuente, tampoco es raro soñar que una gran serpiente se lo traga a uno, con el consiguiente pánico por parte del que está teniendo esta visión orínica, que supone le va a ocurrir alguna desgracia, como en el caso siguiente (sueño de un adulto): «Estuve diez años consecutivos soñando con serpientes; y dentro de ese período, con alarmante continuidad. Cuando empezaron estas visiones «ellas» eran negras, de varios metros de largo y muy gruesas; incluso llegaron a «tragarme», pero yo me escapaba por unos agujeros que tenían en los lados.

Con el paso de los años perdieron color y tamaño hasta quedar en una serpiente de corpulencia diríamos normal (al principio eran tres). Entonces era yo quien me la comía, pero nunca llegaba a hacerlo del todo, pues se me escapaba».

La respuesta ofrecida fue la siguiente: «Estos sueños son de una inequívoca tendencia sexual y manifiestan que lo erótico está muy arraigado en tu personalidad... Queda claro que las serpientes de tus visiones oníricas marcan una lucha por dominar o no dejarte arrastrar por el apacionamiento carnal, es decir, el evitar la esclavización por el sexo. De una vertiente existía la necesidad de satisfacer esos impulsos (carnales), y de otra, existía el miedo que rechazaba la atracción (de ahí que lograses escapar después de haber sido tragado). Las serpientes, de una u otra forma, están relacionadas con lo erótico, las pasiones prohibidas, etcétera».

Ahora podríamos añadir a la interpretación facilitada al sujeto, que el tamaño de esos ofidios está en consonancia con la intensidad del deseo, el cual, se va atemperando con los años, de ahí que el soñador termine diciendo que, con el decurso del tiempo, «perdieron color y tamaño hasta quedar en una serpiente de corpulencia diríamos normal» (las necesidades sexuales ya no eran tan imperiosas ni exageradas, sino correctas y normales). Y es curioso observar que al principio eran «tres serpientes», lo que guarda cierta similitud con el *número tres* y con el ofidio de *tres cabezas* del sueño al que nos hemos referido con anterioridad.

15. Como símbolo fálico no es raro soñar con serpientes y huevos (no puede estar más clara la alu-

sión al sexo masculino), a cuyo respecto podemos citar el siguiente caso (mujer soltera de 34 años): «Soñé que iba con mi madre por algo parecido a un campo lleno de estiércol, entre el que encontrábamos muchos huevos morenos. Luego, cerca de la casa que había en las inmediaciones, apareció una serpiente muy grande y yo la maté con un hierro». El significado general es evidente y no admite la menor duda: la mujer está soltera y rechaza el sexo, probablemente por miedo (de ahí que a su edad vaya acompañada de la madre). El campo (principio femenido) y el estiércol (abono para que germinen las semillas en la tierra) le recuerdan su sexualidad y fertilidad reprimidas. Los huevos morenos son los testículos, necesarios para la fecundación (el inconsciente, incluso, cabe que le esté recordando los hijos que podría tener). La serpiente que mata es el rechazo total a la sexualidad masculina.

16. Es corriente y normal, cuando de muchachas adolescentes se trata, que sueñen ser perseguidas por una serpiente o culebra. Significa el despertar a la vida erótica y el coito que desean inconsciente o conscientemente.

17. Otras visiones oníricas reflejan, representan o simbolizan las tentaciones carnales de la vida, se esté soltera o casada (en este caso puede haber insatisfacción sexual con el marido), como en el ejemplo siguiente: «Soy una mujer casada y en ocasiones he soñado que voy por un camino o sendero en cuyo suelo hay abiertos una especie de pozos, dentro de cada uno de ellos, en el fondo, se mueve una enorme serpiente; tengo la sensación de que me está mirando, de que me espera... Yo sigo por el camino eludiendo

esos obstáculos, con gran miedo a caerme en el interior de uno de los pozos. ¿Me amenaza algún peligro?».

El único peligro que la amenazaba, que le acechaba con inquietante asiduidad (génesis del sueño), era el de caer en las tentaciones sexuales que, lógicamente, la conducirían a la infidelidad conyugal. El camino representa el trayecto en vigilia, el sendero cotidiano de cada día, el tránsito por la vida, y los pozos con serpientes en el interior, mirándola, los aduladores o pretendientes que en la realidad la acosaban con sus *ofertas* e insinuaciones. Es positivo el que fuese sorteándolos y que no cayera en ninguno de aquéllos, pues esto indicaba que tenía una mentalidad clara regida por una moral estricta y férrea, que le permitían eludir o esquivar esas tentaciones o propuestas inmorales y proseguir su andadura sin atender a esos «cantos de sirena», que aquí podríamos denominar, con bastante concreción y exactitud: «cantos o silbidos de serpiente».

c. oc.: *Una serpiente:* Perfidia, traición, abuso de confianza, maniobra subversiva, peligro.

Varias serpientes: Peligro de seducción o engaño, ya sea de índole sentimental o monetario.

Matar una serpiente: Victoria o éxito para el que la mata. Se saldrá con bien de un peligro o accidente.

Una serpiente enroscándose: Anuncio de enfermedad o encierro. El odio que nos profese otra persona está en camino de causarnos dificultades.

Una serpiente desenroscándose: Enfermedad leve o pasajera, que se resolverá favorablemente. Mejoría en la salud.

Ser mordido por una serpiente: Anuncio de enemigos que están conspirando, confabulando, o calumniando a uno.

Una serpiente con varias cabezas: Peligro de seducción erótica o de dejarse embarcar en negocios ruinosos.

Matar a una serpiente de varias cabezas: Victoria definitiva sobre enemigos.

Soñar que se ven serpientes una mañana: Anuncio de peligros o de dificultades.

Soñar que se ven serpientes por la noche: Augurio de buena suerte. Los proyectos que están en marcha tienen grandes posibilidades de ser coronados con éxito.

Serpiente haciendo de guía, enseñando el camino: Buena suerte, éxito en las acciones que se hayan emprendido.

T

TERRORISTAS

psi. En ocasiones, los instintos —sobre todo los sexuales— adoptan la figura de terroristas a causa de la férrea moral del soñador, que rechaza tales inclinaciones de manera agresiva y fanática, y los persigue para destruirlos, sin comprender que jamás conseguirá exterminarlos aunque, aparentemente, sí lo logre a través de sus visiones oníricas.

Ejemplo de tales sueños (tenido por un hombre joven) es el siguiente: «Resulta que estoy persiguiendo a algunos terroristas o maleantes y, después de un nutrido tiroteo, mueren todos; suelen ser menos de cinco». Nuestra respuesta o interpretación se concretó en estos términos: «Tu sueño es un ejemplo flagrante de conflicto psicológico inconsciente.

Esta clase de conflicto se debe al enfrentamiento de fuerzas psicológicas antípodas, contradictorias —la función de realidad, con los impulsos instintivos, y las autoexigencias morales—, en cuanto se efectúan al margen de tu conocimiento consciente. Los terroristas o maleantes representan aspectos inconscientes de tu propia personalidad, con los cuales estás en relación conflictiva. Esto significa que existen deseos que pugnan por ser satisfechos pero que la estricta y rígida moral imperante en ti, o tu criterio intransigente, impiden que puedan desarrollarse. De ahí el simbolismo con los terroristas o malhechores que aniquilas después de muchos esfuerzos. Sería interesante, por no decir necesario, que acudieras al psicólogo para que éste te ayudase a averiguar la clase de controversia que existe y se debate en tu inconsciente. Por mi parte sólo puedo recomendarte, que la agresividad de que haces gala (casi ostentación) en sueños —y muy posiblemente en la vida real—, amén de negativa, no soluciona el problema. Como los terroristas son símbolos oníricos de tu propia personalidad, aunque los mates, volverán a aparecer en el siguiente sueño; de esta forma te encontrarás librando con ellos un combate eterno. Tan eterno como veces se repitan tus visiones oníricas.

«La solución, amigo, es reducir la dosis de agresividad y permitir que los deseos inconscientes se proyecten hacia la superficie. Será entonces cuando verdaderamente concluya el conflicto inconsciente. En lugar de la intransigencia y rigidez de ideas has de adoptar una actitud de mayor tolerancia, condescendente, y flexible».

Podríamos añadir, al margen de lo contestado al soñador en cuestión que, lo más probable, es que esa situación conflictiva a nivel inconsciente tuviera su génesis en un hecho de tipo impulsivo-sexual, como lo demuestra la circunstancia de que aparezcan armas de fuego en el sueño.

ÍNDICE

I. LA ONIROMANCIA 5
   Sueños de incubación 8
   Sueños bíblicos 11
   Grandes pensadores e intérpretes 13
   Los sueños de nuestro tiempo 17
   Tipos de sueños 20

II. DICCIONARIO DE LOS SUEÑOS 23
    Interpretaciones 23
    Advertencia 25
    APÉNDICE 215